新时代
百科阅读

青少年着迷的

美丽国家

山西出版传媒集团

山西经济出版社

图书在版编目（CIP）数据

青少年着迷的美丽国家 / 张志伟著 . -- 太原：
山西经济出版社 , 2019.1（2021.5 重印）
（新时代百科阅读）
ISBN 978-7-5577-0417-9

Ⅰ.①青… Ⅱ.①张… Ⅲ.①世界—概况—青少年读
物 Ⅳ.① K91-49

中国版本图书馆 CIP 数据核字（2018）第 271315 号

青少年着迷的美丽国家
QINGSHAONIAN ZHAOMI DE MEILI GUOJIA

著　　者：	张志伟
选题策划：	吕应征
责任编辑：	解荣慧
装帧设计：	蔚蓝风行

出 版 者：	山西出版传媒集团·山西经济出版社
地　　址：	太原市建设南路 21 号
邮　　编：	030012
电　　话：	0351-4922133（市场部）
	0351-4922085（总编室）
E - mail：	scb@sxjjcb.com（市场部）
	zbs@sxjjcb.com（总编室）
网　　址：	www.sxjjcb.com

经 销 者：	山西出版传媒集团·山西经济出版社
承 印 者：	永清县晔盛亚胶印有限公司

开　　本：	787mm×1092mm　　1/16
印　　张：	10
字　　数：	80 千字
版　　次：	2019 年 1 月　　第 1 版
印　　次：	2021 年 5 月　　第 2 次印刷
书　　号：	ISBN 978-7-5577-0417-9
定　　价：	24.80 元

前言

　　悠悠岁月，古老的星球，承载着人类的世代繁衍，铭刻着人类成长的文化印记。几乎在世界各地，我们都能找到那令人陶醉的美丽国度。21世纪，人与人之间的时空距离骤然缩短，整个世界变成了一个地球村，人们变得更加渴望了解外界甚至整个世界。在本书中，我们精选了亚洲、欧洲、北美洲、南美洲、非洲、大洋洲六大洲的美丽的国家。本书生动活泼的语言，精美绝伦的图片，健康明快的主题，将带你进行一次奇妙的环球旅行：泛舟于浪漫的蓝色多瑙河之上，聆听那来自音乐之邦奥地利最美妙的音乐；置身白色之城卡萨布兰卡，感受北非花园摩洛哥的古典和优雅；品尝名贵的牙买加蓝山咖啡；观看爱尔兰热情奔放的踢踏舞……历史悠久的名胜古迹，丰富多彩的民族风俗和乡土人情，旖旎动人的自然风光，一定会让你流连忘返，乐不思蜀！

目录 Contents

亚　洲

　　亚洲全称"亚细亚洲"，意为"太阳升起的地方"。它东濒太平洋，南临印度洋，北濒北冰洋，西达地中海和黑海。面积4400万平方千米，是全世界面积最大、人口最多、气候差别最大的一个洲。它地跨寒、温、热三带，在地理上习惯分为东亚、东南亚、南亚、西亚、中亚和北亚。

文明古国——中国

中国是一个美丽的国度，四大文明古国之一。在地图上，中国就像一只威武的雄鸡屹立在世界的东方。它位于亚洲东部，太平洋西岸，领土面积约 960 万平方千米，是亚洲面积最大、世界人口最多的国家。

母亲河——黄河

如果把中国比作昂首挺立的雄鸡，那么黄河便是跳动的大动脉。黄河流程达 5464 千米，是世界上含沙量最多的河流。它汇集了 40 多条主要支流和 1000 多条溪川，这些支流犹如无数毛细血管，源源不断地为华夏大地输送着活力与生机，因此被称为"母亲河"。

黄河

迷人的北京

北京是中国的首都，简称京。这里有许多举世闻名的皇家建筑和皇家园林，最著名的是故宫，它是世界上最大的宫廷建筑，是古代皇帝办公和居住的地方。

故宫旧称紫禁城，位于北京市中心，是明、清两代的皇宫。

雄伟的万里长城 ▶▶▶

被誉为世界七大奇迹之一的万里长城，位于中国北部。它东起山海关，西至嘉峪关，全长约6700千米，从东到西，像一条长龙蜿蜒盘旋在崇山峻岭之上。如果要步行走完长城，至少需要6个月。

雄伟的万里长城

地球之巅——珠穆朗玛峰 ▶▶▶

珠穆朗玛峰位于中国和尼泊尔两国边界上。它的北坡在我国西藏境内，南坡在尼泊尔境内。珠穆朗玛峰海拔8844.43米，是喜马拉雅山脉的主峰，也是世界上最高的山峰。

地方小档案

国名：中华人民共和国
面积：约960万平方千米（陆地）
首都：北京

国宝大熊猫 ▶▶▶

可爱的大熊猫是中国特有的珍稀动物，它们生活在竹林里。别看它身体肥胖，不但是爬树高手，游泳也很棒，嗅觉和听觉很灵敏，但视力很差，是天生的近视眼，看上去憨态可掬、非常可爱，被誉为国宝中的"美人"。

亚洲

"亚洲四小龙"之一——韩国

韩国位于亚洲大陆东北的朝鲜半岛南部,三面环海。韩国是中国的近邻,有着悠久的历史和灿烂的文化,也曾饱受苦难和侵略。如今,韩国经济水平在亚洲已跃居前列,经济增长速度位居世界前列,因此被誉为"亚洲四小龙"之一。

首都首尔

韩国首都首尔是朝鲜半岛上最大的城市。位于首尔市中心的南山上建有高高的首尔塔,从塔顶可以俯瞰首尔的美丽风光:繁华的商业街,古老的宫殿,蔚蓝色的汉江,无不显示着这个东方大都市的迷人魅力。

景福宫

景福宫是首尔规模特别大且古老的王宫之一,具有600多年的历史。

note 知识小笔记

地方小档案

国　名:大韩民国
面　积:9.96万平方千米
首　都:首尔

景福宫

韩国传统服饰

朝鲜服 ▶▶▶

朝鲜服是韩国、朝鲜以及中国朝鲜族的传统服装，起源于中国明朝的服装，优雅且有品位。白色为基本色，根据季节、身份，所选用的材料和色彩都不同。如今，韩国人只有在节日或特殊的日子里才穿。

韩国舞蹈 ▶▶▶

韩国的传统舞蹈最早始于宗教仪式，当时各部落在神坛祭典时，常伴有集体歌舞，这样的歌舞逐渐演变成固定的形式。韩国舞蹈以民族舞和宫廷舞为中心，宫廷舞蹈有古老的根源，服装华丽，多姿多彩。

韩国舞蹈

跆拳道

跆拳道 ▶▶▶

跆拳道是韩国民间技击术，在韩国已有 2000 多年的历史，具有较高的防身自卫及强壮体魄的作用。1973 年 5 月，世界跆拳道联合会在首尔成立，1980 年，它被国际奥委会正式批准为跆拳道的管理机构。

亚

洲

樱花之国——日本

日本位于亚欧大陆东端，是一个四面临海的弧形岛国。这里有举世闻名的相扑运动、可爱的日本猕猴和气势宏伟的富士山。日本位于太平洋火山地震带上，火山活动频繁，是世界上有名的地震区。

日本东京塔位于日本东京港区芝公园，高333米，比埃菲尔铁塔高出13米，是全世界最高的自立式铁塔。

繁华的东京

日本的首都东京位于本州岛关东平原南端。这里交通便利，地铁线像蜘蛛网一样通往东京的各个区和邻近的县市。但是，每天的上下班高峰，地铁里非常拥挤。著名的东京塔是东京城的标志性建筑。

富士山

富士山位于东京城的西南部，是日本第一高峰，海拔3776米。它是日本民族的象征，被日本人民誉为"圣岳"。山顶终年积雪，高耸入云，仿佛戴着一顶漂亮的雪冠。每年都有很多游客来这里旅游观光。

富士山和樱花

浪漫的樱花 >>>

樱花是日本的国花。日本人民把樱花作为勤劳、勇敢、智慧的象征，他们认为人活着就要像樱花一样灿烂。每年，樱花盛开的阳春三月，人们都要和亲朋好友结伴观赏樱花，整个日本到处弥漫着香飘四溢的浪漫气息。

和服是日本传统的民族服装

日本猕猴 >>>

日本猕猴大多生活在日本北部寒冷的山林里，这里有厚厚的积雪，因此它们身上长有厚厚的粗毛，整个冬天都待在山林里。在天寒地冻的时候，它们会去天然浴池泡温泉，坐在大澡盆里取暖。

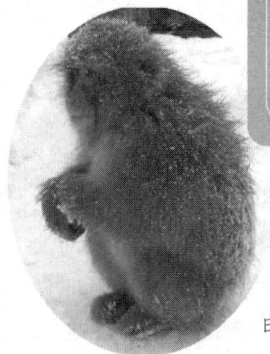

note 知识小笔记

地方小档案

国　名：日本国
面　积：约 37.78 万平方千米
首　都：东京

日本短尾猕猴

日本相扑 >>>

相扑最早源于中国，现在成为日本国技，在日本享受很高的地位。相扑运动员的体格都非常肥硕，曾经有一名相扑运动员的体重达到了 240 千克。

日本相扑比赛

亚洲

吴哥窟的遐想——柬埔寨

柬埔寨位于中南半岛南部，与越南、老挝和泰国接壤，西南濒临暹罗湾。这里有东南亚最大的湖泊和举世闻名而又神秘的吴哥古城，你还可以欣赏到柬埔寨人漂亮的传统服饰，观看精彩的龙舟比赛。

生命之湖——洞里萨湖

洞里萨湖是柬埔寨，也是东南亚地区最大的淡水湖。它从西北到东南，横穿柬埔寨，在金边市与贯穿柬埔寨的湄公河交汇。它像一块巨大的翡翠，镶嵌在柬埔寨大地之上，被柬埔寨人民视为"生命之湖"。

美丽的洞里萨湖

柬埔寨吴哥窟的古代寺庙雕塑

合十礼

柬埔寨人质朴、友善，注重礼节礼仪方式。最常见的礼节是合十礼，即双手合掌于胸前，稍微俯首，指尖的高度视对方身份而定，对国王、王室成员、僧侣要行下蹲或跪拜礼。如今在城市，也有行握手礼的。

传统服饰

纱笼是柬埔寨民族的传统服饰，通常只在家中穿，用丝绸、方格布或印花布做成，将布料缝成一个筒形，穿的时候把纱笼筒叠成两层筒裙，可以在公开场合穿。

送水节

送水节，也称龙舟节，是柬埔寨民族的传统节日。每年11月13~15日，雨季结束进入旱季，柬埔寨人民在洞里萨湖上举行精彩的龙舟比赛，表达对洞里萨湖、湄公河养育之恩的感谢。

note 知识小笔记

地方小档案

国　名：柬埔寨王国
面　积：18.1万平方千米
首　都：金边

柬埔寨传统服饰

吴哥窟

被原始森林环抱的吴哥窟是一座被遗弃了的古城，位于暹粒省境内，距首都金边约240千米，是柬埔寨民族的象征，被誉为东方四大奇迹之一。它外观宏大，细致精巧，各类雕塑随处可见。

亚洲

椰子之国——菲律宾

享 有"椰子之国"之称的菲律宾是东南亚一个岛国，有大小岛屿7 000多个，地震频繁，火山众多。在这里，你可以欣赏到著名的梯田、成千上万座美丽的岛屿，并可以乘坐上七彩的公共汽车，领略马尼拉市浓郁的热带风情。

note 知识小笔记

地方 小 档案

国 名：	菲律宾共和国
面 积：	29.97万平方千米
首 都：	马尼拉

美丽的马尼拉

首都马尼拉是一座非常美丽而又迷人的城市。在马尼拉湾岸边，有一大片建筑群，其中主要有国际会议中心、国际贸易展览中心等。这些建筑设计新颖，道路宽阔，两旁有热带树木和草坪，花木掩映，终年一片苍翠。

茉莉花

在马尼拉市街道两旁，到处都是洁白如玉的菲律宾国花"桑巴吉塔"——茉莉花。据说，古代菲律宾男子向他心爱的姑娘求婚时，一般都赠送茉莉花花环。如果姑娘将花环挂在脖子上，就意味着接受了他的爱。

美丽的马尼拉

稻米梯田 〉〉〉

世界上许多地区都有梯田，沿着陡峭的山坡层层向上分布，就像是为巨人登天而建造的台阶。菲律宾著名的稻米梯田被誉为"通往天堂的天梯"，这种改造地表形态的方式令人惊叹。

稻米梯田

国果芒果 〉〉〉

芒果是一种名闻世界的水果，是菲律宾的国果。呈椭圆形，甜中微酸，成熟后呈黄色，香气扑鼻。

芒果是菲律宾人民最喜欢的热带水果

五颜六色的公共汽车 〉〉〉

菲律宾有一种五颜六色的公共汽车，这就是"吉普尼"，在大街上随处可见。它有规定的路线，招手即停，如果要下车，你只要敲敲车顶就可以了。这里没有一辆完全一样的吉普尼，每辆车都绘有不同的颜色和图案。

吉普尼是菲律宾很有特色的交通工具。

亚洲

白象王国——泰国

泰国位于东南亚，是一个美丽迷人的国度，被称为"白象王国"。在这里，丰富多彩的民族风俗和乡土人情，旖旎动人的热带风光，闻名于世的古典舞和民族舞，饶有趣味的哑剧和洛坤舞，一定会让你流连忘返，乐不思蜀。

天使之城曼谷

泰国首都曼谷位于湄南河下游，距暹罗湾40千米，是泰国最大的城市。曼谷佛寺庙宇林立，漫步城中，巍峨的佛塔，红顶的寺院映入眼帘，充满了神秘的东方色彩。在街上行走的和尚、尼姑是曼谷街头特有的景观。

佛教

佛教是泰国的国教，泰国人中有90%以上信奉佛教。佛教与泰国人的一生息息相关，如新居落成，婴儿出生、生日、结婚等场合，都要邀请法师诵经祈福。一般家庭通常设有佛龛，出外常带佛像项链。人们路经佛寺，必定恭敬礼拜。

note 知识小笔记

地方小档案

国名：泰王国
面积：51.31万平方千米
首都：曼谷

素可泰遗址公园

素可泰遗迹公园位于曼谷以北约360千米。园内矗立着多座寺庙、佛塔和宫殿。宏伟的建筑令人叹为观止。最为壮观的是玛哈达寺，它是素可泰最大的佛寺。

素可泰遗址公园里的象塔

泰国传统服饰

七彩服饰

泰国服饰色彩非常艳丽，传统的泰式服装都是用泰丝做成，穿在身上给人一种非常高贵的感觉。泰丝以手工织制驰名世界，是泰国最著名，且最名贵的商品。如今只有在特殊场合，人们才会穿七彩的泰丝服饰。

攀牙湾

风景优美的攀牙湾地处泰国南部，被誉为泰国的"小桂林"。湾内散布着许多大小岛屿，怪石嶙峋，景色万千，堪称世界奇景。在占士邦岛上，有一块奇怪的擎天巨石——"大白菜石"，据说不久后就会消失。

亚洲

橡胶王国——马来西亚

马来西亚位于东南亚，地处太平洋和印度洋之间，由13个州组成。这里因橡胶产量和出口量均居世界前列，因此被誉为"橡胶王国"。

吉隆坡双子塔

吉隆坡双子塔是吉隆坡的标志性城市景观之一，也是世界上目前最高的双塔建筑，具有观光和通信两大功能。高达400多米，两座银色双塔犹如两柄利剑直插云霄，连接双子塔的空中走廊是目前世界上最高的过街天桥。

note 知识小笔记

地方小档案

国　名：马来西亚
面　积：32.98万平方千米
首　都：吉隆坡

首都吉隆坡

马来西亚首都吉隆坡是个美丽的城市，市内有双塔等人文奇景，郊外有森林、峡谷等大自然的杰作。市内清真寺及佛教、印度教的寺庙随处可见，基督教的教堂也有20多座，每年吸引世界各地大批旅游者前来观光、游览。

吉隆坡的双子塔

"东方珍珠" 槟榔屿

槟榔屿是马来西亚西北部一个风光明媚的小岛，因盛产槟榔而得名"槟榔屿"。这里名胜林立，海岸峭壁气势磅礴，金色沙滩延绵数里，是马来西亚著名的旅游胜地，享有"东方珍珠"的美誉。

景色秀丽的槟榔屿

天然的动物园

马来西亚属热带雨林气候，约80%的国土面积被森林和植被覆盖着。这里栖息着许多奇特的动物，如体型巨大的犀鸟、天性柔和而又胆怯的猩猩、独特的长鼻猴等。

马来群岛最高峰——基纳巴卢山的热带雨林

服饰

长袖衬衣"巴迪"多以蜡染的花布做成，多在正式交际场合穿用，被称为马来西亚"国服"。人们的服饰偏好红色、橙色等一些鲜艳的颜色，认为黑色属于消极之色，黄色也不适宜做服装，但他们对绿色十分喜爱。

马来西亚国家清真寺

亚洲

热带岛国——新加坡

新加坡是东南亚的一个热带岛国，位于马来半岛南端，由一个本岛和63个小岛组成。传说800多年前，有一个古印度尼西亚的王子在这座小岛上看见了一头神奇的野兽，原来是狮子，王子就将这座小岛命名为"狮城"。

"世界花园城市"

新加坡首都新加坡市空气清新，风景秀丽，道路宽阔，人行道两旁种着各种花卉，被誉为"世界花园城市"。市中心区在新加坡河口南北两岸，南岸是被绿树环绕的高楼林立的繁华商业区，北岸是花草树木与楼宇交错的行政区。

新加坡市区

新加坡动物园

新加坡动物园

新加坡动物园于1973年开馆，收罗了250种哺乳类动物、鸟类和爬行类动物。园内利用热带森林与湖泊为屏障，使游客可以不受铁笼的遮拦而看得一清二楚，并亲身体验和人猿一起用餐的乐趣。

鱼尾狮像

著名的鱼尾狮像坐落于新加坡河畔，是新加坡的标志和象征。该雕像高约 8 米，重 40 吨。狮头代表传说中的"狮城"新加坡，鱼尾象征古城"淡马锡"，代表新加坡是由一个小渔村发展起来的。

立在海边的鱼尾狮雕像

新加坡植物园，其中包括国家胡姬花园，它收集了 3000 多个品种的兰花。

知识小笔记

地方小档案

国　名：	新加坡共和国
面　积：	约 669.4 平方千米
首　都：	新加坡市

圣淘沙

圣淘沙是新加坡最为迷人的度假小岛，马来文意为"和平宁静"，被誉为"欢乐宝石"。它位于新加坡本岛南部，市中心附近，原来只是一个小渔村，如今却成为一个引人入胜、悠闲美丽的度假岛屿。岛上青葱翠绿，让人流连忘返。

圣淘沙

亚洲

佛教的发源地——印度

印度是一个多姿多彩的国家，位于南亚次大陆，世界四大文明古国之一。在这里你将会在美丽的泰姬陵听到动人的故事，沐浴古老的恒河圣水，观赏丛林里庞大的亚洲象，体验与大象在一起狂欢的乐趣。

圣河——恒河

恒河全长 2510 千米，是印度最长的河流。印度人视恒河为圣河，将恒河看作是女神的化身，虔诚地敬仰。这里每天都有成千上万的印度教徒聚集在恒河沿岸，在"圣水"中沐浴。

位于印度北方邦东部恒河岸边的瓦腊纳西

庄严雄伟的泰姬陵

泰姬陵

宏伟美丽的泰姬陵位于亚穆纳河畔，是世界七大奇迹之一，始建于 1632 年，历时 22 年才完工，是伊斯兰建筑的代表作。相传是印度莫卧儿王朝第五代皇帝沙贾汗为纪念亡妻修建的陵墓。

瑜伽之都 >>>

瑜伽起源于古代印度，是一种传统的修身方法。"瑜伽"一词源自梵文，意思是"和谐"。如今，瑜伽已经传播到了世界各地。位于印度北部喜马拉雅山脚下的瑞诗凯诗是享誉世界的瑜伽之都。

note 知识小笔记

地方小档案

国　名：印度共和国
面　积：298万平方千米
首　都：新德里

瑜伽

荷花是印度的国花，象征尊严和神圣。

纱丽 >>>

纱丽是最具有印度民族特色的女装。通常印有五颜六色的图案，质地有棉、丝或毛，也有人造纤维或混纺的。纱丽的式样繁多，不拘一格。每逢喜庆的日子，印度妇女都会穿起自己喜爱的纱丽，点上传统的吉祥痣，逛街串门、访亲问友。

大象节 >>>

印度有各种各样的节日，大象也有自己的节日，即大象节。当天，参加节日庆典的大象都要经过精心设计打扮得漂漂亮亮，除了健美外，还要清洁干净。每年有许多从世界各地赶来的游客参加大象节，和大象一起狂欢。

大象在印度的历史和文化传统中占有重要的地位，人们每年都要举行大象节。

亚洲

印度洋上的珍珠——斯里兰卡

斯里兰卡旧称锡兰，是个热带岛国，如同印度半岛的一滴眼泪，镶嵌在广阔的印度洋海面上。这里接近赤道，终年如夏，风景秀丽，被誉为"印度洋上的珍珠"。

"东方十字路口"

斯里兰卡的首都科伦坡位于锡兰岛西南海岸，素有"东方十字路口"之称，是世界上重要的商港之一。这里地处海滨，气候宜人，高温而无酷暑，街上到处是被称为国树的铁木树，但更多的还是高耸的椰子树。

斯里兰卡的首都科伦坡

note 知识小笔记

地方小档案

国 名：	斯里兰卡民主社会主义共和国
面 积：	6.56万平方千米
首 都：	科伦坡

奇特的雨树

在斯里兰卡一些城市有一种奇特的树——雨树。每当太阳下山时，树叶就开始吸收周围蒸发出的水分，之后卷成一个个小包。第二天，太阳一晒，叶子张开，露珠积水便纷纷落下，行人总爱到"雨树"下淋一淋。

斯里兰卡纪念币

在木杆上钓鱼

在斯里兰卡南部城市加勒的海滩上，一些渔民在木杆上钓鱼。渔民们依靠这些固定在海滩上已有数百年历史的木杆，可以不乘船就到较深的海域垂钓。

在木杆上钓鱼

锡吉利亚摇滚堡垒

锡吉里亚古城

锡吉里亚古城是斯里兰卡古代文化宝库中的艺术遗存。锡吉里亚古城的历史可以追溯到 7000 年前的远古时代。14 世纪以前，这里一直是僧侣们生活起居的地方。如今已有人正式提议把它列为世界古迹第八大奇迹。

大象孤儿院

坐落在斯里兰卡盖克拉镇西北部的品纳维拉大象孤儿院建于 1975 年，主要收养那些在丛林中失去母亲的幼象。目前，大象孤儿院向游人开放，是斯里兰卡著名的旅游景点。

亚洲

珊瑚花园——马尔代夫

美丽宁静的马尔代夫位于斯里兰卡西南部，是印度洋上的一个群岛国家，由北向南经过赤道纵列，像一串串宝石点缀在蓝色的印度洋上。它拥有2 000多个小珊瑚岛，有"珊瑚花园"之称。

潜水胜地 >>>

马尔代夫是全球三大潜水胜地之一，到这里若不潜水实在遗憾。想象一下，穿上潜水衣，跃入清澈的海中，与鱼儿共舞的奇妙感受吧！即便没法潜水，也可以涉足看鱼，运气好的话，还能见到小鲨鱼或魔鬼鱼。

首都马累 >>>

马尔代夫首都马累是一个珊瑚岛，面积不到两平方千米，这里五颜六色的大小珊瑚环礁就像海中盛开的朵朵鲜花。由于面积很小，机动车辆很少，居民出门一般骑自行车或步行，所以污染很小，空气清新。

马累全景

马尔代夫美丽的海滩

卡尼岛

幽静的卡尼岛距首都马累 20 千米，是印度洋上的绿洲花园，这里到处都是鲜艳的花朵和苍翠的树木，空气如海水般清澈，珊瑚礁鲜艳夺目，海底世界充满奇幻色彩，和海底生物游动在一起，感觉非常奇妙。

太阳岛

太阳岛位于南马尔代夫阿瑞环礁群岛，太阳岛因其灿烂的阳光而得名，1998 年建成并启用。岛上生长着无数高大的椰树和棕榈树及浓密的热带植被，围绕在岛周围的是宽阔的海滩和白沙。

美丽迷人的太阳岛

马尔代夫是世界上最大的珊瑚岛国

note 知识小笔记

地方小档案

国 名：	马尔代夫共和国
面 积：	298 万平方千米
首 都：	马累

丰富的海洋资源

马尔代夫拥有丰富的海洋资源，有各种热带鱼类及海龟、玳瑁和珊瑚、贝壳之类的海产品。渔业是国民经济的重要组成部分。但是，近年来旅游业已超过渔业，成为马尔代夫第一大经济支柱产业。

亚洲

千岛之国——印度尼西亚

印度尼西亚是东南亚的群岛国，它横贯赤道，岛屿多达 13000 多个，名列世界前茅，素有"千岛之国"的称号。其有 100 多个民族，大多数居民信奉伊斯兰教，是世界上穆斯林人口最多的国家。

火山之国 》》》

印度尼西亚是一个火山之国，是太平洋上火山活动最多的地区。全国共有火山 400 多座，其中活火山 100 多座。由于全国各岛处处青山绿水，四季皆夏，所以被称为"赤道上的翡翠"。

巴厘岛上最为著名的阿贡火山，被称为"世界的肚脐"。

首都雅加达 》》》

首都雅加达位于爪哇岛西北部沿岸，是一座历史悠久的城市，也是世界著名的海港城市。过去，这里的人民曾一度受到殖民者的剥削和奴役，而今天的雅加达，已经成为一个现代化的文明城市。

婆罗浮屠雕塑

爪哇岛 >>>

爪哇岛是印度尼西亚经济、政治和文化最发达的地区，一些重要的城市和名胜古迹都坐落在这个岛上。

note 知识小笔记

地方小档案

国　名：印度尼西亚共和国
面　积：192万平方千米
首　都：雅加达

婆罗浮屠佛塔是佛教的著名建筑，与中国的长城、印度的泰姬陵、柬埔寨的吴哥古迹和埃及的金字塔齐名，是古代东方的五大奇迹之一。

蜡染服饰 >>>

蜡染是古代印度尼西亚的一种工艺，经过蜡染的服饰色彩丰富，设计精美。巴厘岛的蜡染服饰极有名，游客可以任意选择自己喜欢的图案，女工们会现场给游客的衣服上绘制图案，几分钟内就能完成。

巴厘岛 >>>

巴厘岛是印度尼西亚著名的旅游区，素有"天堂岛"的美称，是天然的度假胜地。这里自然风光恬静优美，并具有悠久的文化艺术传统，尤其是独具风格的巴厘舞更是世界闻名。

风景秀丽的巴厘岛

亚洲

清真之国——巴基斯坦

巴基斯坦意为"清真之国"，位于印度半岛上，南濒阿拉伯海，东、北、西三面分别与印度、中国、阿富汗和伊朗为邻。巴基斯坦历史悠久，早在5000年前，这里就孕育着灿烂的印度河文明。

首都伊斯兰堡 >>>

巴基斯坦首都伊斯兰堡位于国境东北部海拔540米的山麓平原上，是一座美丽且富有特色的现代化城市。这里背依马尔加拉山，东临清澈的拉瓦尔湖，南面是一片葱茏的山丘，气候宜人，风景秀丽。

巴基斯坦的灵魂 >>>

拉合尔地处富庶的印度河上游冲积平原，伊斯兰堡东南约300千米，是巴基斯坦的历史文化名城，素有"巴基斯坦的灵魂"之称。市内树木葱茏，芳草如茵，群花争艳，香气四溢，置身其中，会让人流连忘返。

note 知识小笔记

地方小档案

国　名：巴基斯坦伊斯兰共
和国
面　积：79.61万平方千米
首　都：伊斯兰堡

拉合尔城堡是巴基斯坦古王宫，位于拉合尔城西北角，是次大陆所有莫卧儿王朝建筑中的典型。拉合尔古堡是一座皇帝居住的古堡型皇宫。

费萨尔清真寺

费萨尔清真寺是巴基斯坦最大的清真寺，也是世界上最大的清真寺。坐落在首都伊斯兰堡西部的巴基斯坦国际伊斯兰大学旁，于1982~1986年建成。整个建筑设计别致，宏伟壮观，是伊斯兰堡的象征。

庄严的费萨尔清真寺

乔戈里峰

乔戈里峰

乔戈里峰位于中国和巴基斯坦边界，海拔8611米，是喀喇昆仑山脉的主峰，是海拔仅次于珠穆朗玛峰的世界第二高峰。这里地形险恶，气候恶劣。每年7~9月，好天气持续时间较长，是登顶的好时机。

饮食风俗

巴基斯坦人喜欢香辣食物，用胡椒、姜黄等做的咖喱制品闻名世界。他们喜欢将菜放入平底锅或高压锅中炖得烂熟，很少炒菜，习惯用右手抓着吃。

巴基斯坦的特色美食——咖喱鸡

亚洲

山国——尼泊尔

尼泊尔是一个内陆山国，位于喜马拉雅山脉中段南麓。由于东、西、北三面群山环绕，因此被称为"山国"。在这里你会认识勤劳朴实的尼泊尔人，看到稀有的雪豹和野牦牛，参加各种各样的节日。

🏔 首都加德满都 ▶▶▶

加德满都位于喜马拉雅山南麓的一个天然谷地中，四周青山环绕，常年鲜花盛开，被称为山国的"春城"。最负盛名的大梵天庙、大佛塔等建筑气势雄伟，吸引着成千上万的外国旅游者。

🏔 博克拉 ▶▶▶

博克拉是尼泊尔中西部城市，以眺望壮观的喜马拉雅山脉而闻名于世。博克拉四面环山，安娜普纳山脉终年积雪，美丽的鱼尾峰倒映在湖面，秀丽奇特，美不胜收。

位于加德满都南5千米的巴格马提河畔的古老城市——帕坦

威武的雪豹 ▶▶▶

在尼泊尔寒冷的山谷中，生活着美丽而迷人的雪豹。雪豹属于猫科动物，灰白色的皮毛能帮助它很好地隐蔽自己，足爪上长着厚厚的肉垫，能防止它们陷入松软的雪地中。山羊、旱獭和鹿是雪豹的猎物。

尼泊尔国旗

尼泊尔寒冷的
山谷中生活着雪豹

知识小笔记

地方小档案

国 名：尼泊尔联邦民主共和国
面 积：14.72万平方千米
首 都：加德满都

萨加玛塔国家公园 ▶▶▶

萨加玛塔国家公园位于尼泊尔喜马拉雅山区，珠穆朗玛峰南坡，北部与西藏珠穆朗玛自然保护区接壤。这里终年阳光灿烂，四季如春，是尼泊尔著名的旅游胜地。

野牦牛 ▶▶▶

在尼泊尔的北部山区，生活着一种珍稀动物——野牦牛。野牦牛身上长有又长又厚的毛，适合在严寒的环境中生活。一年四季，它们都住在山坡。奔跑时，它的速度可达每小时40千米以上。

生活在尼泊尔北部山区中的野牦牛用身上厚厚的
皮毛来抵御严寒

亚洲

三大宗教发源地——以色列

以色列位于亚洲西部，是亚、非、欧三大洲接合处。以色列历史悠久，是世界主要宗教犹太教、伊斯兰教和基督教的发源地。在这里，你将会体验无比美妙的死海浴，了解神秘的犹太教，参观闻名世界的哭墙。

耶路撒冷 >>>

耶路撒冷是一座历史悠久的城市，位于地中海和死海之间。相传，公元前10世纪，以色列的大卫王曾在此筑城建都。犹太教、基督教和伊斯兰教，分别根据自己的宗教传说，奉该城为胜地。

奇特的死海令人着迷，每年都有许多游客前去体验这世界上独一无二的漂游。

note 知识小笔记

地方小档案

国 名：	以色列国
面 积：	1.52万平方千米
首 都：	建国时在特拉维夫。1950年迁往耶路撒冷

神奇的死海 >>>

死海并不是"海"，而是一个巨大的咸水湖，它位于以色列和约旦之间。远远望去，波涛此起彼伏，无边无际，但水中没有鱼类和水草，就连岸边也寸草不生。由于它的含盐量很高，即使你不会游泳，也不会被淹死。

雅法老城

以色列特拉维夫的雅法老城是一座具有 4000 多年历史的港口城市，是世界上古老的城市之一。7 月 3 日，雅法老城与中国的"三江并流"等全球 24 处名胜古迹一起被联合国教科文组织列入《世界遗产名录》。

位于耶路撒冷旧城内的圣墓教堂

雅法赛钟

特拉维夫—雅法

特拉维夫—雅法濒临地中海，是以色列第二大城市。特拉维夫原来是个小渔村，后来与雅法合并，逐渐成为以色列政治、经济、文化中心。这里高楼林立，大多是白色建筑。每年，这里都吸引着成千上万的游客。

古老的哭墙。1981 年，哭墙被列入《世界遗产目录》。

古老的哭墙

耶路撒冷犹太教圣迹哭墙，又称西墙，是古代犹太国第二神庙的唯一残余部分。千百年来，流落在世界各个角落的犹太人回到圣城耶路撒冷时，便会来到这堵石墙前低声祷告，哭诉流亡之苦，所以这堵墙被称为"哭墙"。

亚洲

沙漠王国——沙特阿拉伯

沙特阿拉伯位于阿拉伯半岛，东濒波斯湾，西临红海，同约旦、伊拉克等国接壤。让我们一起去领略浩瀚而又炎热的大漠风光，了解穿行在沙漠中的阿拉伯骆驼，感受寻找石油的乐趣吧！

沙漠中的城市 >>>

利雅得坐落在沙特阿拉伯中部，是一座发达的现代化城市，以鲜花和绿色闻名于世，其意为"花园、草地、牧场"。从前，这里只是一座十分简陋的沙漠小城，如今却成了芳草如茵的花园城市。

首都利雅得是一座绝丽的花园城市

丰富的石油 >>>

石油是现代社会的血液，它可以提炼成汽油。在沙特阿拉伯茫茫的沙漠下，蕴藏着丰富的石油。但是，寻找地下石油费用非常高，人们必须通过石油勘测仪器，才可以探测到某个地方蕴藏石油。

沙特阿拉伯地底下蕴藏着丰富的石油。图为沙特阿美国家石油公司办公大楼。

麦加城 >>>

闻名世界的麦加是伊斯兰教的第一圣城，位于沙特阿拉伯西部。这里四周群山环抱，层峦起伏，景色壮丽。每年 12 月，来自世界各地的至少 200 万名穆斯林会聚集到麦加，参加一年一度的朝觐仪式。

麦加清真寺之———著名的海得拉巴市清真寺

note 知识小笔记

地 方 小 档 案

国　名：	沙特阿拉伯王国
面　积：	224 万平方千米
首　都：	利雅得

珍贵的水资源 >>>

沙特阿拉伯将近一半的国土被沙漠覆盖，所以地面上没有常年流水的河流和湖泊，这里的地下水资源却很丰富，总储量为 36 万亿立方米，按目前用水量计算，地表以下 20 米深的水源可使用 300 多年。

沙漠之舟 >>>

在沙漠里穿行，人们必须依靠沙漠之舟——骆驼。它们不畏风沙，可以好几天不吃不喝，靠储存着大量脂肪的驼峰来维持生命。阿拉伯骆驼只有一个驼峰，所以也称为单峰骆驼。

沙漠中的人们

亚洲

欧亚之桥——土耳其

土耳其是一个历史悠久的美丽国度。它幅员辽阔，地处东西方的交叉口，路口的东边是亚洲，西边是欧洲，因此被称为"欧亚之桥"。我们将会参观雄伟的托普卡匹皇宫，领略充满异域风情的托钵僧旋转舞。

伊斯坦布尔

伊斯坦布尔是土耳其最大的城市，城区被一条水道一分为二，一半位于欧洲，另一半则位于亚洲。在伊斯坦布尔，大约有3000座被称为"清真寺"的宗教建筑，其中最古老的要算圣索菲亚大教堂。

土耳其圣索菲亚大教堂是世界著名教堂之一，位于伊斯坦布尔，距今已有1400多年的历史。

托普卡匹皇宫

托普卡匹皇宫位于伊斯坦布尔东侧的一片高地上，向南可以眺望马尔马拉海，向北可以欣赏博斯普鲁斯海峡。这里曾是土耳其帝国统治者苏丹的豪华住所，宫中珍藏世界各国的宝物，其中有数万件中国明朝瓷器。

位于伊斯坦布尔东侧的托普卡匹皇宫

特洛伊城遗址

特洛伊城遗址是土耳其古城，位于恰纳莱南部，北临达达尼尔海峡，坐落在平缓的城堡山脚下。特洛伊城遗址是《荷马史诗》中提到的历史名城，1871年，被著名考古学家海因里希·谢里曼发现。

著名考古学家海因里希·谢里曼

知识小笔记

地方小档案

国　名：土耳其共和国
面　积：78万平方千米
首　都：安卡拉

棉花堡温泉

棉花堡位于土耳其西南，从2000年前的希腊时代起就是温泉疗养胜地，如今更是驰名世界。温泉水从山顶往下流，所经之处历经千百年钙化沉淀，形成层层相叠的半圆形白色天然阶梯，远看像一朵朵棉花矗立在山丘上，所以被称为"棉花堡"。

驰名世界的棉花堡

美丽的海葵

在土耳其海域的温暖海水里，生活着一些奇怪的海洋生物，如长有坚硬外壳和许多棘刺的海胆和美丽的海葵。别看海葵的外表像一朵美丽的鲜花，它其实是一种可怕的食肉动物。

土耳其海水里生活着美丽的海葵

亚洲

欧　　洲

　　欧洲是欧罗巴洲的简称，"欧罗巴"意为"日落的地方"。西临大西洋，北靠北冰洋，南隔地中海和直布罗陀海峡，与非洲大陆相望，东与亚洲大陆连成一块。面积1016万平方千米，大部分位于北温带内，没有热带。欧洲有45个国家和地区，在地理上习惯分为南欧、西欧、中欧、北欧和东欧5个地区。

千湖之国——芬兰

芬兰位于欧洲北部，是一个美丽迷人的国度。它的北面与挪威接壤，西北与瑞典为邻，东面是俄罗斯，南临芬兰湾，西濒波的尼亚湾。境内大大小小的湖泊约 18 万个，因此赢得了"千湖之国"的美誉。

"波罗的海的明珠"

芬兰首都赫尔辛基濒临波罗的海，是芬兰最大的港口城市，素有"波罗的海的明珠"之称。这里风景优美，犹如一座美丽的花园。芬兰最古老、规模最大的赫尔辛基大学就位于市区。

西贝柳斯公园

西贝柳斯公园坐落在芬兰首都赫尔辛基市中心西北面。这里以两座雕像闻名于世——一座是由 600 多根钢管组成的类似管风琴的抽象塑像，一座是伟大的作曲家——西贝柳斯的头像雕塑。

这座风格别致、充满浪漫色彩的西贝柳斯纪念碑是芬兰著名女雕塑家希尔图宁花了 6 年的心血，于 1967 年西贝柳斯逝世十周年之际完成的杰作。

浪漫的芬兰木屋 >>>

芬兰有着悠久的木屋建造史，它的设计建造已发展到一个很高的水平。木屋是用纹路美观、色泽柔和的木材建造，其特点是冬暖夏凉。大多数芬兰家庭都拥有木屋别墅，它们通常坐落在密林中的幽静湖畔。

奥斯托国家公园拉普兰

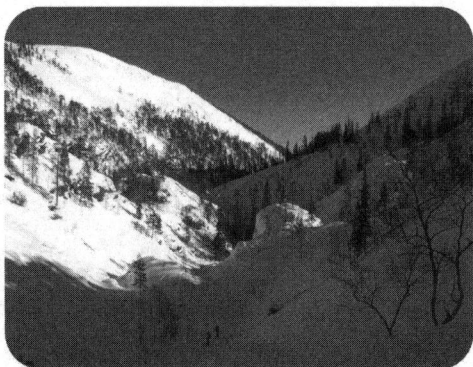

酷爱桑拿浴 >>>

芬兰人酷爱桑拿浴，有近200万个大大小小的桑拿浴室，每个芬兰人几乎从呱呱落地之日起，一生都离不开桑拿。在芬兰，没有桑拿设施的房屋，几乎不会有人居住。即使是宴请朋友，也可能会被请去家里洗桑拿浴。

note 知识小笔记

地方小档案

国　名：芬兰共和国
面　积：33.81万平方千米
首　都：赫尔辛基

北极圈内的圣诞老人村

圣诞老人的故乡 >>>

圣诞老人的故乡位于芬兰北部。传说圣诞老人就住在那里的耳朵山里，他能听到世界上所有孩子们的心声。后来，芬兰人就在离这里不远的北极圈内建造了圣诞老人村。每年都有来自世界各地的40多万名游客到此游览。

欧洲

通往北方之路——挪威

挪威位于北欧斯堪的纳维亚半岛西部，东邻瑞典，东北与芬兰和俄罗斯接壤，南同丹麦隔海相望，西濒挪威海。在这里，你会看到在冰洞里钓鱼的挪威人，去滑雪圣地——霍尔门考伦山领略滑雪的快乐！

首都奥斯陆

挪威首都奥斯陆位于挪威东南部，奥斯陆峡湾北端，是挪威的著名港口，也是欧洲著名的历史古城。这里四周山水环抱，风光如画，以不冻港而闻名世界，也是世界上重要的裘皮加工和出口中心，被称为"裘皮之都"。

世界滑雪之都

挪威人非常喜欢滑雪，对于挪威人来说，滑雪就是他们的第二生命。举世闻名的霍尔门考伦山位于奥斯陆东北约13千米处，是挪威的滑雪圣地。从1892年起，每年3月，世界闻名的滑雪大赛都在这里举行。

note 知识小笔记

地方小档案

国　名：挪威王国
面　积：约38.52万平方千米
首　都：奥斯陆

北极光

由于北极圈横穿挪威北部，北部一些城市到了六七月份根本没有夜晚，人们可以看到午夜的太阳以及美丽的北极光。

北极光

卑尔根

卑尔根——欧洲文化之都

卑尔根位于挪威西海岸，是一座具有悠久历史的古城。它建在山丘之上，气候温暖，降水量很大，一年365天，有200多天都在下雨，整座城市看上去非常干净、古朴，置身其中，令人神清气爽，乐不思蜀。

奥尔内斯木制教堂

奥尔内斯木制教堂坐落于松内湾郡的奥尔内斯，始建于12世纪，是挪威现存的30余座古木制教堂中最著名的一个。1979年被联合国教科文组织列为必须加以保护的世界文化遗产之一。

奥尔内斯木制教堂

欧
洲

冰火之国——冰岛

冰岛是北大西洋中的一个岛国，位于格陵兰岛和英国中间，为欧洲第二大岛。冰岛几乎整个国家都建立在火山岩石上，大部分土地不能开垦，是世界温泉最多的国家，所以被称为"冰火之国"。这里自然环境纯净、清新，堪称环保的典范。

雷克雅未克

冰岛首都雷克雅未克是全世界纬度最高的首都，也是冰岛最大的港口城市。由于地热资源丰富，市民生活全部利用地热，在这里看不到其他城市常见的锅炉和烟囱，因此有"无烟城市"之称。

"无烟城市"雷克雅未克

议会旧址国家公园

议会旧址国家公园位于冰岛西南部、首都东部50千米处。这里风景优美，以欧亚和美洲两大板块的断裂谷地和纯净幽深的议会湖而享誉世界。议会旧址国家公园已经被列入《世界遗产名录》。

极昼和极夜

冰岛因为靠近北极圈，夏季日照时间较长，6 月中下旬则更加明显，有极昼现象。冬天非常漫长，而且多雪多风，日照时间非常短，有时整天看不到太阳，冰岛人就很少外出，在暖和的屋子里以读书为乐。

传统的冰岛草坪房屋

华纳达尔斯赫努克火山

华纳达尔斯赫努克火山

华纳达尔斯赫努克火山是冰岛东南部的火山，东距大西洋 24 千米，海拔 2109.6 米，是冰岛的最高峰。该火山位于史卡法特国家公园内，而且横卧在厄赖法冰盖上，是瓦特纳冰原的一部分，最后一次爆发是在 1727 年。

瓦特纳冰川

瓦特纳冰川位于冰岛东南部的霍思城附近，是冰岛的第一大冰川，居世界第三。冰川面积达 8300 平方千米，仅次于南极冰川和格陵兰冰川。

知识小笔记

地方小档案

国　名：冰岛共和国
面　积：10.3 万平方千米
首　都：雷克雅未克

欧洲

盖锡尔间歇喷泉

世界最著名的自然间歇喷泉盖锡尔，冰岛语意思为爆泉。大间歇喷泉是一个直径约 18 米的圆池，水池中央的泉眼为一直径 10 多厘米的"洞穴"，每次泉水喷发之际，只听洞内隆隆作响，泉水喷涌而出，非常壮观。

黛提瀑布

黛提瀑布位于冰岛共和国东北方。其源流是瓦特纳冰原。黛提瀑布宽度约 100 米，高度有 44 米，被认为是欧洲最高、最汹涌的瀑布。流量因季节而异，枯水期约有每秒 200 立方米；夏季冰融使河水水量增加，流量达到每秒 500 立方米。

盖锡尔间歇喷泉

黛提瀑布

地热资源 >>>

冰岛处于板块交界处，地壳活动非常活跃。极不稳定的地壳内部不断运动并释放出能量，地壳内部炽热的岩浆烘烤地下水，使地下水被烘热，然后以温泉和沸泉的形式喷出地面。因此冰岛的地热资源非常丰富。

地热发电站 >>>

地热发电的原理和一般火力发电相似，即利用地热产生的蒸气推动发电机组发电。研究表明，从地表向下大约 2 千米处钻洞，收集涌出钻孔的蒸气就能得到成本低廉并且清洁环保的电能。冰岛是一个地热资源丰富的国家，在这里建立起来的地热发电站非常多。

冰岛的奈斯亚威里尔地热发电站

欧洲

童话王国——丹麦

丹麦地处北欧，位于北海与波罗的海、欧洲大陆与斯堪的那维亚半岛之间，是一个美丽富饶的国家。因诞生过世界著名的童话大师——安徒生，而有"童话王国"之称。

▲"北欧的巴黎" ▶▶▶

丹麦首都哥本哈根位于丹麦西兰岛的东部，隔着厄勒海峡与瑞典重要海港马尔默遥遥相望，是丹麦最大的海港，也是北欧著名的历史古城。因市内拥有许多历史遗迹，古老的城堡、教堂、公园和博物馆，因此被誉为"北欧的巴黎"。

▲"童话之城"——蒂沃利公园 ▶▶▶

蒂沃利公园位于丹麦首都哥本哈根闹市中心，是丹麦著名的游乐园，有"童话之城"之称，每年4~9月对外开放。公园内设有20多条惊险程度各异的历险路线，还可沿飞天干线游览一幕幕脍炙人口的安徒生童话场景。

note 知识小笔记

地方小档案

国　名：丹麦王国
面　积：4.31万平方千米
首　都：哥本哈根

丹麦著名的游乐园——蒂沃利公园

童话作家安徒生 ⟩⟩⟩

举世闻名的童话作家安徒生就是丹麦人，被尊称为"丹麦的文化国父"，是公认的童话大师。他的作品已经被翻译成近 150 种语言。在丹麦，有许多以安徒生或他的童话命名的名胜，如安徒生大街、安徒生博物馆、美人鱼等。

童话大师安徒生

美人鱼铜像 ⟩⟩⟩

美人鱼铜像坐落在哥本哈根朗厄里尼海滨公园附近的海滩上，它是丹麦雕塑家埃德华·埃里克森于 1912 年用青铜雕铸的。"美人鱼"是安徒生童话《海的女儿》中的女主角，如今已成为丹麦的象征。

世界闻名的美人鱼铜像。美人鱼坐在一块巨大的花岗石上，神情忧郁地注视着远方。

大贝尔特海峡大桥

大贝尔特海峡大桥 ⟩⟩⟩

大贝尔特海峡大桥建在大贝尔特海峡上，该桥上的悬索桥长 1624 米，是世界上超长的悬索桥之一。大桥为公路、铁路两用桥。桥孔高度 65 米，桥下可通行任何巨轮。悬索桥使用了 1.9 万吨钢缆，其主钢缆直径达 85 厘米。

欧洲

领土最大的国家——俄罗斯

俄罗斯横跨亚欧两大洲，北临北冰洋，东濒太平洋，西接大西洋，西北临波罗的海芬兰湾，是世界上领土面积最大的国家。这里有丰富的自然资源，森林覆盖面积占国土面积的一半，天然气和煤的蕴藏量均居世界前列。

首都莫斯科

俄罗斯首都莫斯科位于俄罗斯平原中部，莫斯科河畔，得名于直穿市区的莫斯科河。它历史悠久，建成于 12 世纪中叶，是俄罗斯政治、经济、文化、艺术及科学的中心。市内有许多名胜古迹，其中以克里姆林宫和红场最为著名。

红场

红场意为"美丽的广场"，面积 9.1 万平方米，位于莫斯科市中心，是世界上著名的广场之一，也是国家举行各种大型庆典及阅兵活动的中心地点。红场是莫斯科历史的见证，也是莫斯科人的骄傲。

note 知识小笔记

地方小档案

国　名：俄罗斯联邦
面　积：1707.54 万平方千米
首　都：莫斯科

从圣巴西尔教堂
眺望红场

克里姆林宫

克里姆林宫位于莫斯科市中心，濒莫斯科河，始建于1156年，曾为沙皇皇宫。克里姆林宫是世界闻名的建筑群，主要有大克里姆林宫、圣母升天教堂、伊凡大帝钟楼等，享有“世界第八奇景”的美誉，是旅游者必到之处。

大克里姆林宫

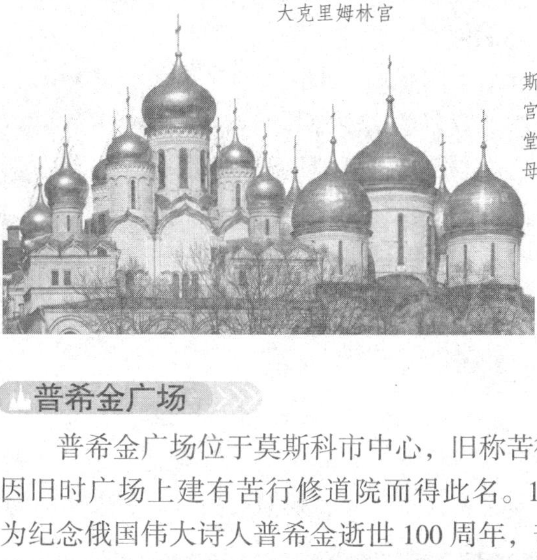

俄罗斯莫斯科克里姆林宫的报喜大教堂（左）和圣母大教堂（右）

矗立在普希金广场上的普希金青铜纪念像

普希金广场

普希金广场位于莫斯科市中心，旧称苦行广场，因旧时广场上建有苦行修道院而得此名。1937年，为纪念俄国伟大诗人普希金逝世100周年，苦行广场被改名为普希金广场。广场上耸立着4米多高的普希金青铜纪念像。

充满异域风情的俄罗斯套娃

俄罗斯套娃

俄罗斯套娃有浓郁的地域情，是俄罗斯最有名的木制工艺品。一般由多个一样图案的空心木娃娃一个套一个组成，最多可达十多个，通常为圆柱形，底部平坦可以直立。娃娃可做摆设品，也可用来装首饰、糖果。

万湖之国——白俄罗斯

白俄罗斯位于东欧平原西部，东邻俄罗斯，北、西北与拉脱维亚和立陶宛交界，西邻波兰，南接乌克兰。白俄罗斯是个内陆国家，没有出海口，是欧亚两洲陆路交通的必经之路。有湖泊1.1万个，因此有"万湖之国"的美称。

"交易之镇"

明斯克位于第聂伯河上游支流斯维斯洛奇河畔、白俄罗斯丘陵南部。明斯克是白俄罗斯的政治中心，也是重要的交通枢纽，历来是联系波罗的海沿岸、莫斯科、喀山等城市的贸易中心，所以被称为"交易之镇"。

明斯克

泪岛

在明斯克市特洛伊茨老城城外的斯维斯洛奇河中，有一座小岛，被称作"泪岛"。岛上有一组群雕，是为纪念在阿富汗战争中阵亡的将士修建的。悲痛的母亲们为该岛起名为"悲痛和眼泪的岛"，后来简称为泪岛。

白俄罗斯国家图书馆

note 知识小笔记

地方小档案

国　名：白俄罗斯共和国
面　积：20.76万平方千米
首　都：明斯克

胜利广场

胜利广场坐落于明斯克市中心，1947年建成。广场上矗立着的卫国战争阵亡烈士纪念碑，高40米，碑身底部四面镶嵌大型金属浮雕群。如今，每逢重大节日，白俄罗斯都要在这里举行隆重的献花仪式。

胜利广场夜景

别洛韦日国家森林公园

别洛韦日国家森林公园，面积8.76亿平方米，是欧洲最大的平原森林，被联合国教科文组织列入《世界遗产名录》。林区景观优美，植物、动物种类繁多，许多为世界珍稀品种。每年夏季，这里有许多来自世界各地的游客。

白俄罗斯国立大学

白俄罗斯国立大学位于白俄罗斯共和国首都明斯克市，创建于1921年，现为白俄罗斯共和国最高学府及重要的科学研究中心，是苏联四大著名国立大学之一。这所大学有来自世界各地的外国留学生。

白俄罗斯国立大学

欧洲

啤酒之国——捷克

捷克位于欧洲中部，东连斯洛伐克，西临德国，南接奥地利，北临波兰。捷克的啤酒有悠久的历史，早在一千多年以前，家家户户都有酿造啤酒的传统。如今，捷克仍是世界啤酒生产和消费大国，被誉为"啤酒之国"。

千塔之城

捷克的首都和最大的城市——布拉格位于国境西部，坐落在拉贝河支流伏尔塔瓦河两岸。这是一座美丽而古老的山城，市内拥有为数众多的各个历史时期、各种风格的建筑，整个城市色彩绚丽夺目，红瓦黄墙，因此布拉格有"千塔之城"的美称。

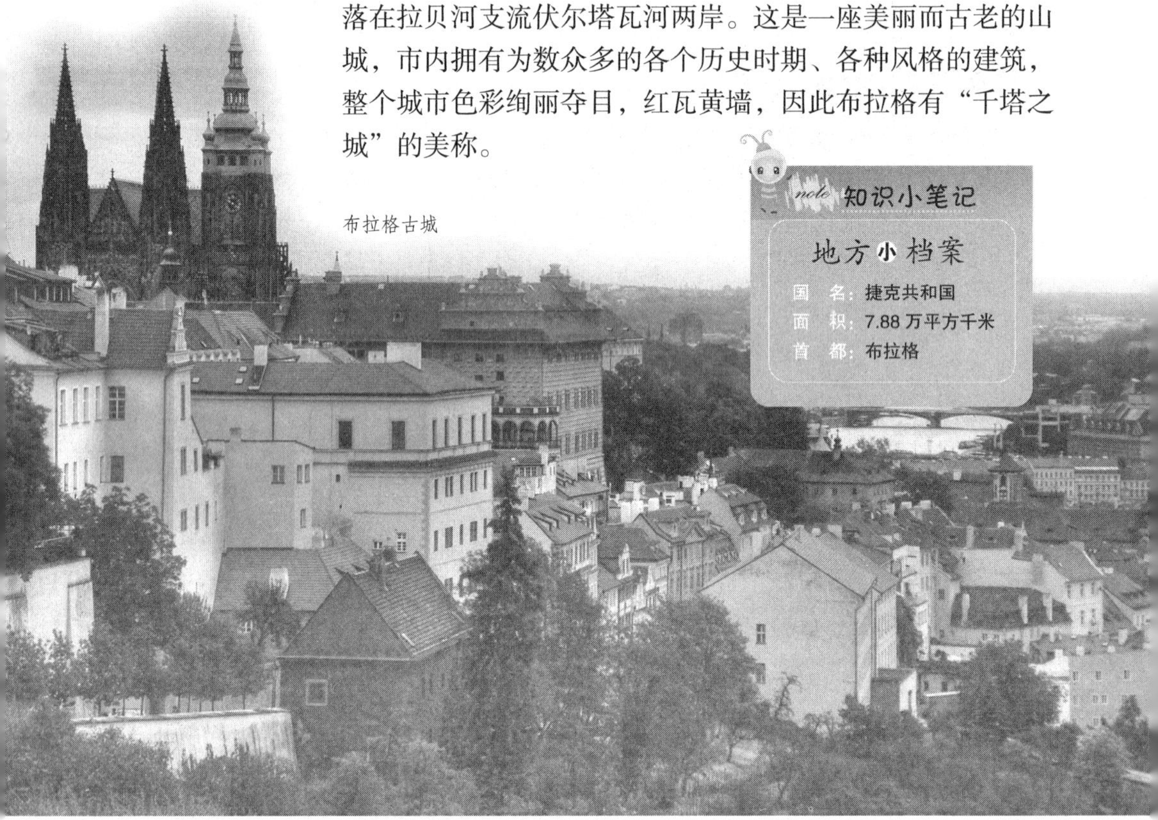

布拉格古城

note 知识小笔记

地方小档案

国　名：捷克共和国
面　积：7.88万平方千米
首　都：布拉格

穿梭在布拉格市区的伏尔塔瓦河

伏尔塔瓦河

伏尔塔瓦河被称为捷克的"母亲河"，是捷克最长的河流，长435千米。它横贯整个布拉格，将整个城市一分为二，每一部分又各自拥有城区。顺着水流的方向，河的右岸是新城和老城，左岸是小城和布拉格城堡。

布拉格古钟

布拉格古钟安放在布拉格老城广场西南的老市政厅钟楼上。每到整点，钟上的窗户便自动打开，钟声齐鸣，12张圣像即在窗口出现。凡是到布拉格的游人，总要前往老城广场欣赏这座古老的钟楼。

老城广场上的天文时钟

最著名的啤酒

捷克最著名的啤酒是布拉格西南80千米比尔森市酿造的"普拉斯得罗伊"牌啤酒。它是用当地优质泉水和啤酒花，按古代啤酒配方酿造的。据说，它的味道与浓度被誉为世界第一流。

布拉格城堡

布拉格城堡

布拉格城堡是世界上面积最大的城堡，位于伏尔塔瓦河的丘陵上，建于7世纪，最初为波希米亚的皇室宫邸。60多年来，历届总统办公室均设在堡内，所以又称"总统府"。共和国总统的选举仪式就在这里举行。

欧洲

温泉之邦——匈牙利

匈牙利是欧洲中部的内陆国，全境以平原为主，是一个风景秀丽的国家。这里温泉遍布，气候四季分明，堪称是世界"温泉之邦"。让我们一起去了解辽阔神秘的巴拉顿湖区，领略多瑙河迷人的风光吧！

多瑙河上的明珠

匈牙利首都布达佩斯坐落在多瑙河畔，是欧洲著名的古城，被誉为"多瑙河上的明珠"。多瑙河将布达佩斯市一分为二，河西岸是布达，东岸是佩斯。这里有宏伟的国会大厦、渔人堡，还有赫赫有名的英雄广场。

多瑙河是流经国家最多的河，它将匈牙利首都布达佩斯一分为二。

匈牙利葡萄酒

马特劳山

马特劳山位于匈牙利的北部，是匈牙利著名的山区游览地。马特劳山间分布着瀑布溪流，在狭长幽深的山谷里，旅店、山庄和度假房舍随处可见。马特劳山的南坡盛产葡萄，真哲什生产的葡萄酒闻名世界。

渔人堡 ▶▶▶

渔人堡位于布达佩斯的城堡山上，是一座具有古罗马风格、造型别致的建筑，建于20世纪初。这里环境优美，景色秀丽，站在渔人堡上可以鸟瞰多瑙河美丽迷人的风光。

渔人堡

note 知识小笔记

地方小档案

国 名：匈牙利共和国
面 积：9.3万平方千米
首 都：布达佩斯

温泉王国 ▶▶▶

匈牙利温泉资源丰富，拥有已开发温泉1300多处，是世界排名第二的欧洲医疗温泉王国，而布达佩斯有温泉500多处，其中以装修豪华的帝王池温泉和欧洲最大的温泉中心塞切尼温泉浴场最为著名。

巴拉顿湖区 ▶▶▶

巴拉顿湖区是中欧最大的淡水湖，也是匈牙利著名的旅游胜地之一。巴拉顿湖湖水含盐量平均每千克达0.5克，有较高的医疗价值。这里形状稀奇古怪的火山熔岩和古堡遗迹，吸引着世界各地的游客。

巴拉顿湖区远景

欧洲

欧洲的心脏——德国

德国位于欧洲中部，是欧洲邻国最多的国家，有"欧洲的心脏"之称。让我们一起去音乐家贝多芬的故乡，倾听那优美的《田园交响曲》；坐着古老的奔驰汽车，去德国乡村寻找格林童话中灰姑娘美丽的水晶鞋。

文化名城柏林

柏林是德国的首都和最大的城市，位于德国东北部，四面被勃兰登堡州环绕，是东西方的交会点。这里的建筑多姿多彩，古典建筑和现代建筑群随处可见。柏林是世界重要的文化学术交流地，几乎全年都有文化节。

note 知识小笔记

地方小档案

国　名：德意志联邦共和国
面　积：35.7 万平方千米
首　都：柏林

迷人的莱茵河

莱茵河是欧洲著名的河流，也是德国最长的河流，全长 1320 千米，从瑞士发源，流经瑞士、德国、法国、荷兰四个国家，在德国境内有 800 多千米。沿着科隆市莱茵河畔漫步，是一种极美的享受。

莱茵河流经科隆

举世闻名的音乐 ▶▶▶

德国音乐闻名于世，德国是世界著名的音乐之乡，诞生了许多著名的音乐大师：巴赫、贝多芬、施特劳斯等。德国人非常喜爱音乐，约每四个德国人就有一人会熟练演奏一种乐器或在合唱团唱歌。

音乐大师贝多芬于 1770 年 12 月 16 日出生在德国莱茵河畔的波恩小城

科隆大教堂 ▶▶▶

科隆大教堂是世界上最完美的哥特式教堂，也是欧洲北部最大的教堂，位于德国科隆市中心美丽的莱茵河畔，素有"欧洲最高尖塔"之称。建造前后整整持续了 632 年，是欧洲建筑史上建造时间漫长的建筑物之一。

奔驰 F400。德国的汽车制造业举世闻名，据说，每年可以制造汽车 400 多万辆。

科隆大教堂

啤酒节和慕尼黑 ▶▶▶

啤酒节是慕尼黑的传统民间节日，至今已有近 200 年的历史，是全球盛大的民间节日之一。如今每年 9 月，慕尼黑都要举行隆重的啤酒节，人们聚集在一起，载歌载舞，杯不离手，热闹异常。慕尼黑因此被称作"啤酒城"。

有"啤酒城"之称的慕尼黑

欧洲

音乐之邦——奥地利

> 　　**奥**地利地处欧洲中心，是著名的山国，连绵起伏的阿尔卑斯山横贯境内，美丽的多瑙河蜿蜒流淌。在这个美丽的国度，我们将一睹维也纳音乐厅的风采，聆听世界上最美妙的音乐，享受有趣的美食。

金色大厅 >>>

　　金色大厅是奥地利首都维也纳最古老、最现代化的音乐厅，也是每年举行"维也纳新年音乐会"的法定场所。在每年的新年音乐会的电视转播中，全世界的爱乐者都可以在聆听音乐的同时一睹"金色大厅"的风采。

维也纳金色大厅

维也纳国家歌剧院

维也纳国家歌剧院 >>>

　　维也纳国家歌剧院是世界上一流的大型歌剧院，是音乐之都——维也纳的主要象征，素有"世界歌剧中心"之称。前厅和侧厅都用大理石砌成，内部绘有精美壁画，挂有大音乐家和名演员的照片，可容纳1600名观众。

萨尔茨堡国际艺术节 >>>

　　萨尔茨堡国际艺术节始于1820年，如今已成为奥地利第一大艺术节，也是世界上有影响的艺术节之一。最初是为了纪念音乐家莫扎特而设立的节日，后来发展成为国际艺术节，规模越来越大。

note 知识小笔记

地方小档案

国　名：奥地利共和国
面　积：8.38万平方千米
首　都：维也纳

萨尔茨堡位于奥地利西北部，是大作曲家莫扎特的出生地。这里的建筑艺术堪与威尼斯和佛罗伦萨相媲美，有"北方罗马"之称。

维也纳舍恩布龙宫 >>>

　　舍恩布龙宫位于奥地利首都维也纳西南部，亦称"美泉宫"，是奥地利哈布斯堡王室的避暑离宫。1694年由玛利亚·特利萨女王下令修建，整座宫殿纤巧华美、优雅别致，共有1400个房间。

日食五餐 >>>

　　奥地利人继承了古罗马人日食五餐的传统。早餐比较简便，中午不到又是一顿有鱼或冻肉的便餐，接着就是一天中最重要的上有四道菜的午餐，然后是一顿备有面包和甜点的午茶，最后是晚餐。

维也纳炸肉排和蛋糕

欧洲

绅士之国——英国

英国是欧洲西部一个气候温和、风景优美的岛国，世界大国之一，由大不列颠岛、爱尔兰岛东北部和一些小岛组成。提起英国人，人们对英国男士的第一感觉是非常绅士，英国因此被誉为"绅士之国"。

迷人的伦敦

英国的首都伦敦是英国第一大城市和最繁忙的海港。这里有女王居住的白金汉宫、著名的大本钟和议会大厦。泰晤士河横贯伦敦市中心，河上有30多座桥，人们可以在许多地点过河。

繁忙的伦敦金融城

壮丽的伦敦塔桥

伦敦塔桥是泰晤士河上最著名的一座吊桥。河中的两座桥基高7.6米，相距76米，桥基上建有两座高耸的方形主塔。从远处观望塔桥，双塔高耸，极为壮丽。伦敦塔桥是伦敦的象征，有"伦敦正门"之称。

闻名世界的伦敦塔桥

金碧辉煌的白金汉宫

白金汉宫是英国的王宫，建造在威斯敏斯特城内，1703 年为白金汉公爵所建而得名。如果你来到这里，看到在白金汉宫的正上方飘着女王旗，就说明女王在皇宫中。如果正逢夏季，你还可以进去参观。

白金汉宫

大本钟

大本钟即威斯敏斯特宫钟塔，建于 1858 年，是英国伦敦著名的古钟，以最为和谐和准确的报时声而闻名。大本钟巨大华丽，重达 13.5 吨，安装在泰晤士河畔议会大厦旁边的钟楼里，是英国的象征。

大本钟

note 知识小笔记

地方小档案

国 名:	大不列颠及北爱尔兰联合王国
面 积:	24.41 万平方千米
首 都:	伦敦

苏格兰威士忌

英国苏格兰威士忌历史悠久，在世界上极负盛名。苏格兰高地的特殊水质和极为严格的酿造工艺，使那里出产的威士忌被誉为"液体黄金"。

极负盛名的苏格兰威士忌

小型马

在英国，马的高矮和体型各异，既有小孩可以骑的小型马，也有用来干活儿的大型马。设得兰群岛上的小型马高约 89 厘米，你别看它体型小，但体格特别强壮，能够抵御寒冷和潮湿，还能拖拉比自己重两倍的重物呢！

欧洲

翡翠岛国——爱尔兰

爱尔兰位于欧洲西部的爱尔兰岛南端，是一个和平宁静的国家。它西临大西洋，东靠爱尔兰海，与英国隔海相望。因全国草地遍布，所以又有"绿岛"和"绿宝石"之称。

都柏林

首都都柏林是一个古色古香、充满诗情画意的田园式都市。都柏林原名贝尔亚萨克莱斯，意为"围栏渡口镇"，在爱尔兰语中为"黑色的池塘"的意思。由于很多高技术企业聚集于此，所以有"欧洲的硅谷"之称。

note 知识小笔记

地方小档案

国　名：爱尔兰
面　积：7.03万平方千米
首　都：都柏林

都柏林城堡

都柏林城堡建于1204年，是英格兰的约翰王下令建造的，用以盛放国王的金银珠宝。现存的都柏林城堡大半都是建于18世纪。如今，总统就职典礼、国宴和外国元首的来访仪式都在都柏林城堡举行。

都柏林城堡

圣帕特里克节

圣帕特里克节（即爱尔兰国庆日）是为了纪念爱尔兰守护神圣帕特里克而设立的。5世纪末期，圣帕特里克节起源于爱尔兰。1737年，一些爱尔兰绅士和商人们在美国成立了爱尔兰慈善社团，从此美国每年都庆祝这一节日。

人们在伦敦的特拉法加广场上庆祝圣帕特里克节

格兰达洛风景区

丰富多彩的音乐

爱尔兰的音乐丰富多彩，历史悠久，早在12世纪，爱尔兰竖琴家精湛的演奏技巧已经著称于欧洲。17世纪，爱尔兰人民曾经巧妙地利用竖琴进行反抗英国殖民者的斗争。如今，首都都柏林已经是欧洲重要的音乐中心。

热情奔放的踢踏舞

爱尔兰的踢踏舞热情奔放，其舞曲旋律优美，节奏极其鲜明而富于变化。踢踏舞集爱尔兰传统音乐、歌曲、舞蹈的精华于一身，体现了现代爱尔兰的精神风貌。有"爱尔兰文化使者"之称的大型舞剧《大河之舞》是爱尔兰文化的优秀代表。

踢踏舞和舞鞋

欧洲

风车之国——荷兰

享 有"欧洲花园"之称的荷兰位于欧洲西部，西北两面濒北海，东临德国，南接比利时。这里气候宜人，美丽的郁金香随处可见，古老的风车举世闻名，让我们穿上木鞋，一起去品尝那可口诱人的奶酪吧！

首都阿姆斯特丹

荷兰首都阿姆斯特丹位于艾瑟尔湖西南岸，是荷兰最大的城市和最繁忙的港口。700年前，这里曾经是一个小渔村，如今变成了一个发达的国际大都市和旅游胜地，每年都有世界各地的游客旅游观光。

note 知识小笔记

地方小档案

国　名：荷兰王国
面　积：4.15万平方千米
首　都：阿姆斯特丹

鸟瞰阿姆斯特丹市中心

荷兰四宝（风车、郁金香、奶酪和木鞋）之一——木鞋

特色木鞋

木鞋是荷兰的特色产品。由于荷兰光照期短、地势低洼，全年晴好天气不足70天，这使爱阳光的荷兰人不得不穿上敦实的木鞋对付潮湿的地面。后来，精明的荷兰人把木鞋制作发展成一门工艺，木鞋因此扬名世界。

凡·高美术馆

凡·高美术馆

　　凡·高是荷兰最有名的画家。凡·高美术馆位于阿姆斯特丹市内，建于 1973 年。这里收藏着凡·高黄金时期最珍贵的 200 幅画作，其中包括举世闻名的《向日葵》。

风车节

　　风车在荷兰有悠久的历史，荷兰人不但用它来排水灌溉，还用它磨面发电，因此风车被荷兰人视为国宝。每年 5 月的第二个星期六是荷兰的风车节，这一天，全国所有的风车都被打扮得花枝招展，一齐转动，人们载歌载舞来欢庆节日。

荷兰风车

高个子的荷兰人

　　荷兰是世界上平均身高最高的国家，荷兰本土原始居民，男子平均身高 1.90 米，女子平均身高 1.80 米。荷兰居民（包括移民的外国人），男子平均身高 1.86 米，女子 1.72 米。

郁金香是荷兰的国花，象征美好、庄严、华贵和成功。荷兰人对郁金香非常钟爱，每逢集市、花展，郁金香总是充当主角。

欧洲

65

千堡之国——卢森堡

卢森堡是欧洲的一个美丽可爱的袖珍国，它位于欧洲西北部，东邻德国，南毗法国，西部和北部与比利时接壤。这里遍地是青葱浓密的绿色，放眼望去，其间城堡林立，美不胜收，素有"千堡之国"的美誉。

首都卢森堡 >>>

卢森堡大公国首都卢森堡市位于大公国境内南部，是一座拥有 1000 多年历史的古城，国际地位非常重要。它不仅是卢森堡大公国的政府所在地，也是世界上投资环境好的城市之一，很多国际机构都设在这里。

卢森堡古堡 >>>

卢森堡古堡是卢森堡最具历史特征的建筑物，建于 1644 年，40 年后才由法国军事工程师指导扩建其建筑网络，随后由奥地利人补建完工。1994 年，被联合国教科文组织列为世界遗产。

卢森堡市由于地处德国、法国之间，地势险要，历史上一度是西欧的重要军事要塞，被誉为"北方的直布罗陀"。

🏛 阿道夫大桥 ▶▶▶

阿道夫大桥位于卢森堡车站西北方，是卢森堡市标志性建筑之一，建于19世纪末20世纪初。桥高46米、长84米，是一座由石头砌成的高架桥。该桥跨越峡谷，连接新、旧两市区，是欧洲地区杰出的建筑物之一。

🏛 大公宫殿 ▶▶▶

大公宫殿位于卢森堡市中心，圣母教堂北面，始建于1418年，1573年重建，是一座三层的意大利式建筑。拥有两座高耸的尖塔，线条简洁，朴实无华，曾作为市政府办公楼，后经两次修建，19世纪末开始作为大公宫殿。

戴菊是卢森堡的国鸟，是一种很好的观赏鸟。

宪法广场的英雄纪念碑建于1923年，当时是为了纪念第一次世界大战中阵亡的卢森堡战士。纪念碑高12米，上面的胜利女神像出自本地艺术家克劳斯之手。

知识小笔记

地方小档案

国　名：卢森堡大公国
面　积：约0.26万平方千米
首　都：卢森堡

🏛 卢森堡大峡谷 ▶▶▶

卢森堡大峡谷又被称为佩特罗斯大峡谷，是世界著名的风景区之一。东西走向，宽约100米，深约60米，将卢森堡市自然地分成南北新、旧两个城区。如今，卢森堡大峡谷已是欧洲美丽的观光地，每年有许多游客来此观光。

欧洲

浪漫之都——法国

法国位于欧洲西部,三面临海,呈六边形,是西欧面积最大的国家。让我们去认识天性浪漫的法国人,欣赏《蒙娜丽莎》,品尝醇正的法国红葡萄酒,在埃菲尔铁塔上眺望整个美丽的巴黎吧。

浪漫迷人的巴黎

法国首都巴黎位于法国盆地中央,风景秀丽的塞纳河畔,是一座迷人又繁忙的城市。这里矗立着誉满全球的埃菲尔铁塔、卢浮宫和巴黎圣母院,有世界上最美丽的大街——香榭丽舍,吸引着世界各地的游客。

美丽的香榭丽舍大街

美丽的塞纳河

塞纳河是法国河流中流程很短但极负盛名的一条河,全长 780 千米。它像一条玉带,静静地流过巴黎市区,乘塞纳河的游船欣赏两岸,可以看到诸多名胜,如卢浮宫、巴黎圣母院、埃菲尔铁塔等。

流经法国的塞纳河

卢浮宫

卢浮宫是法国历史最悠久的王宫，也是世界上规模大、历史悠久的著名博物馆之一，位于法国巴黎市中心的塞纳河北岸，始建于1204年，与伦敦的大英博物馆、纽约的大都会艺术博物馆并称为世界三大博物馆。

卢浮宫

note 知识小笔记

地方小档案

国　名：法兰西共和国
面　积：55.16万平方千米
首　都：巴黎

埃菲尔铁塔

埃菲尔铁塔位于巴黎市中心塞纳河南岸，是巴黎的标志性建筑，建于1889年，被法国人称为"铁娘子"。它高达300多米，由7000多吨钢铁建造，像一个钢铁巨人高高地耸立在恬静的塞纳河畔。

埃菲尔铁塔

戛纳国际电影节

戛纳位于地中海岸边，是一座风景秀丽、气候宜人的小城。这里每年都要举办热闹非凡的戛纳国际电影节，其颁发的金棕榈奖被公认为电影界较高荣誉之一。戛纳国际电影节是世界五大电影节之一，每年5月举行，为期两周左右。

欧洲

玫瑰之国——保加利亚

保加利亚位于欧洲巴尔干半岛东南部，全境70%为山地和丘陵，境内低地、丘陵、山地各约占1/3。它是重要的玫瑰油出口国，其产量占据全世界产量的40%，因此被誉为"玫瑰之国"。

格奥尔基日

格奥尔基日又称"宰牲节"，是保加利亚隆重的传统节日之一，是为了纪念勇敢正义的"圣·格奥尔基"神而设立的节日。这一天，人们载歌载舞，并集体喝羊肉汤，祈求全家远离恶魔，身体安康。

note **知识小笔记**

地方小档案

国　名：保加利亚共和国
面　积：约11.1万平方千米
首　都：索非亚

迷人的索非亚

保加利亚首都索非亚古称"塞迪卡"，是全国第一大城市，位于保加利亚中西部，地处四面环山的索非亚盆地南部。这里风景迷人，有多处温泉，至今还保存着建于5世纪的罗马浴室遗迹，是闻名世界的旅游胜地。

巴尔干山 ▶▶▶

巴尔干山是横贯保加利亚全境的大山脉，是阿尔卑斯—喀尔巴阡山的延伸，把保加利亚分为南北两部分。巴尔干山连绵500多千米，山中多岩洞、温泉和矿泉，是旅游和疗养胜地。从这里经过克里苏拉城，就可以到达著名的玫瑰谷！

风景秀丽、空气清新的巴尔干山

博亚纳教堂 ▶▶▶

博亚纳教堂是保加利亚著名的东正教教堂，位于维托沙山麓索非亚南郊的博亚纳村。它是在废墟上修建起来的，中世纪时曾是皇宫的一部分，如今它已成为保加利亚的象征，被联合国教科文组织列入《世界遗产名录》。

博亚纳教堂

玫瑰谷 ▶▶▶

玫瑰谷是保加利亚的名胜，它包括相毗的卡赞勒克谷和卡尔洛沃谷两个山谷，是东西长130千米、南北宽15千米的狭长地带。每年5月底到6月中旬，是玫瑰花盛开的季节，花农要在"玫瑰谷"中举行历时一周的"玫瑰节"。

欧洲

奥运会发源地——希腊

希腊是一个美丽的国家，是欧洲文明的发祥地，创造过灿烂的古代文化。它位于欧洲南部巴尔干半岛南端。希腊是奥运会发源地，早在2700多年前，古希腊人就在奥林匹亚村举行了人类历史上最早的运动会。

雅典娜

"西方文明的摇篮"

希腊首都雅典位于巴尔干半岛南端，是世界上古老的城市之一，得名于女神阿西娜。历史上许多著名的哲学家、政治家和文学家在雅典诞生或居住过，至今仍保留着很多历史遗迹和大量的艺术作品，雅典也因此被称作"西方文明的摇篮"。

雅典卫城

雅典卫城是供奉阿西娜的地方，也是希腊最杰出的古建筑群，距今已有3000年的历史。它位于雅典城中心偏南的一座小山顶的台地上，1987年被列入《世界遗产名录》。如今这里是世界闻名的游览胜地。

旅游胜地雅典卫城

帕特农神庙

帕特农神庙又称"万神殿"，是雅典卫城的主题建筑，也是供奉阿西娜女神的主神庙。这座神庙矗立在卫城的最高点，是希腊全盛时期建筑与雕刻的主要代表，有"希腊国宝"之称。

帕特农神庙

知识小笔记

地方小档案

国　名：希腊共和国
面　积：约 13.2 万平方千米
首　都：雅典

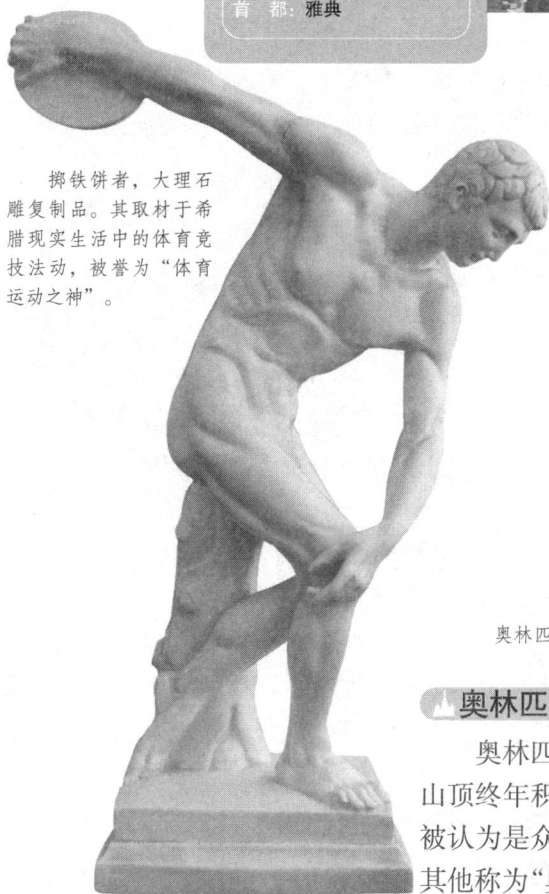

掷铁饼者，大理石雕复制品。其取材于希腊现实生活中的体育竞技法动，被誉为"体育运动之神"。

"体育运动之神"

掷铁饼者雕塑高约 152 厘米，是 2000 多年前著名雕塑家米隆的作品。该雕塑刻画的是一名强健的男子在掷铁饼过程中最具有表现力的瞬间。直到今天它仍然是代表体育运动的最佳标志，被誉为"体育运动之神"。

奥林匹斯山

奥林匹斯山

奥林匹斯山海拔 2917 米，是希腊最高峰。山顶终年积雪，云雾笼罩。在古希腊神话中，被认为是众神的居留地，希腊和小亚细亚也有其他称为"奥林帕斯"的山丘、村庄和神话人物。

欧洲

艺术之邦——意大利

意大利位于欧洲南部，地中海的北岸，包括"靴子型"的亚平宁半岛及西西里岛、撒丁岛等岛屿。让我们去欣赏旖旎美丽的水上城市——威尼斯，参观古老的米兰大教堂，领略 2000 多年前庞贝人的智慧和热情。

永恒之城——罗马

意大利首都罗马是一座历尽沧桑的古城，古罗马帝国的发祥地。这里有许多名胜古迹，如万神殿、恺撒庙以及古罗马竞技场等。各种雕塑、喷泉遍布城内，教堂、修道院随处可见，真令人流连忘返。

知识小笔记

地方小档案

国　名：意大利共和国
面　积：30.13 万平方千米
首　都：罗马

罗马罐

佛罗伦萨

历史名城佛罗伦萨是文艺复兴的发源地，曾经创造出人类历史上最璀璨的文明。但丁、波提切利、"文艺复兴三杰"都曾在这里留下不朽大作。这里有大量的博物馆、画廊、宫殿以及众多的教堂，如今，是著名的旅游胜地。

文化艺术之都——佛罗伦萨

庞贝古城遗址 »»

公元 79 年，庞贝古城被附近的维苏威火山喷发后淹没，后来经过考古学家挖掘，人们从庞贝古城遗址可以看出古罗马时代的社会生活。庞贝古城遗址被联合国教科文组织列为世界遗产。

庞贝古城遗址

水上威尼斯

迷人的水上城市 »»

世界名城威尼斯坐落于意大利东北部，濒临威尼斯湾，享有"水城""水上都市"等美称，是一座举世闻名的旅游名城。全城由 118 个小岛组成，170 多条纵横交错、四通八达的水道，通过 400 多座形态各异的桥梁，把水城连为一体。

古罗马竞技场 »»

古罗马竞技场，又称为斗兽场，位于威尼斯广场的东南面，是罗马时代最伟大的建筑之一，也是保存最好的一座圆形竞技场。这是古代作为竞技、表演和行刑的场所，始建于公元前 80 年，可容纳观众近 11 万人。

古罗马竞技场

欧洲

斗牛王国——西班牙

西班牙位于欧洲西南部，面积居西欧第二位。西班牙是最早发展起来的西方国家，曾在海上称霸一时，到了现代也仍然是欧洲举足轻重的国家之一。这里有世界上最著名最激烈的斗牛比赛，让我们去看看吧！

首都马德里 》

西班牙首都马德里位于伊比利亚半岛梅塞塔高原中部，是西班牙最大的城市，也是欧洲地势最高的首都。在历史上，因战略位置重要而素有"欧洲之门"之称。市内有许多名胜古迹和世界闻名的绘画展览馆，如普拉多博物馆、马约尔广场等。

西班牙斗牛

国粹斗牛

斗牛是西班牙的国粹，代表了西班牙的民族精神。在西班牙，斗牛是一项盛况空前的活动，斗牛季节为每年的 3~10 月，一般在礼拜天或假日举行。在与公牛的搏斗中，斗牛士们要想方设法激怒公牛，让场面变得惊险而刺激。

世界闻名的马约尔广场

西红柿狂欢节

西班牙有很多节日，最奇特的节日要数西红柿狂欢节了。西红柿狂欢节也叫"西红柿大战"，始于 1944 年。在节日里，人们手拿熟透了的西红柿，互相扔来扔去，以庆祝丰收。

热闹的西红柿狂欢节

埃尔切的神秘剧

埃尔切的神秘剧是关于死亡、假想和童贞的神圣音乐剧。从 15 世纪开始，该剧就得到罗马教皇的特别许可而在圣玛丽大教堂演出。1931 年，神秘剧被西班牙政府宣布为"国家纪念碑"，且受法律保护。

note 知识小笔记

地方小档案

国 名：	西班牙王国
面 积：	约 50.6 万平方千米
首 都：	马德里

美丽的巴塞罗那

巴塞罗那是西班牙第二大城市，位于西班牙东北部地中海沿岸。这里气候宜人、风光旖旎、古迹遍布，素有"伊比利亚半岛的明珠"之称，是西班牙最著名的旅游胜地。毕加索、米罗、达利等大艺术家都诞生于此。

美丽的巴塞罗那

欧洲

南美洲

南美洲是"南亚美利加洲"的简称，位于西半球南部。东临大西洋，西濒太平洋，北滨加勒比海，南隔德雷克海峡与南极洲相望，以巴拿马运河为界，同北美洲相分。面积约 1797 万平方千米，大部分地区属热带雨林和热带草原气候，气候温暖湿润。南美洲有 13 个国家和地区。

黄金之国——哥伦比亚

哥伦比亚位于南美洲西北部，接近巴拿马运河，地理位置十分重要，被称作"南美洲的门户"。这里盛产绿宝石和鲜花，并以开采黄金历史悠久、黄金制品精美而驰名世界，素有"黄金之国"的美称。

古香古色的波哥大

首都波哥大是哥伦比亚第一大城市，气候凉爽，四季如春。市区中既有现代化的高楼大厦，也有殖民地时期的古老建筑，在玻利瓦尔广场中央矗立着被称为"拉美解放者"的玻利瓦尔雕像。

note 知识小笔记

地方小档案

国　名：	哥伦比亚共和国
面　积：	约114.17万平方千米
首　都：	波哥大

鲜花节

哥伦比亚是世界上主要的鲜花生产国和出口国之一，一年一度的鲜花节已经成为哥伦比亚提高鲜花种植业知名度和推动鲜花出口的盛会。每逢鲜花节举办期间，人们都会精心制作花盘，并背着它在大街上展示一番。

古香古色的首都波哥大

圣阿古斯丁考古公园

圣阿古斯丁考古公园位于哥伦比亚的乌伊拉省，海拔 1700 米，非常适宜农耕。园内各处遗址比较分散，大多是石雕像、石棚、石柱和墓地。1995 年，被联合国教科文组织列入《世界遗产名录》。

圣阿古斯丁考古公园

西帕基拉盐矿大教堂

西帕基拉盐矿大教堂是世界上最大的地下盐矿教堂，建于 1810 年，是哥伦比亚最著名的景点。为了看这座位于地下 100 多米的盐教堂，每年有数百万的旅行者前往，当地人甚至称它为世界八大奇迹之一。

卡塔赫纳

卡塔赫纳是哥伦比亚位于加勒比海的港口城市，以美丽的海滩和精美的建筑著称。在这个古老的城市中，游客可以看到西班牙式的堡垒、众多教堂、广场和宫殿遗迹。此外，卡塔赫纳的海滩也是潜水爱好者的度假胜地。

卡塔赫纳是哥伦比亚著名城市，被誉为"加勒比海的明珠"。

南美洲

"小威尼斯"——委内瑞拉

委内瑞拉位于南美洲北部,全境处于热带,是世界上重要的石油生产国。500多年前,一支探险队首次抵达这里,发现这里水上村落星罗棋布,很像水城威尼斯,于是就将这里称为"委内瑞拉",意为"小威尼斯"。

"春城"加拉加斯

委内瑞拉首都加拉加斯是南美洲著名的历史古城,位于加勒比海之滨的阿维拉山南麓的一个三面环山的谷地。由于地处热带,气候温和,常年如春,被誉为"春城"。市内除古代建筑外,还有许多现代化的高楼大厦、博物馆和高等学校。

首都加拉加斯是南美洲的现代化大都市之一

玻利瓦尔雕像

国父——玻利瓦尔

委内瑞拉的国父西蒙·玻利瓦尔是19世纪南美争取民族独立的英雄。在位于加拉加斯老城区的玻利瓦尔广场中心,矗立着持刀挥帽的玻利瓦尔铜像。这里有许多地方都是以玻利瓦尔的名字命名的,如玻利瓦尔大学、玻利瓦尔大道等。

安赫尔瀑布

安赫尔瀑布是世界最高、落差最大的瀑布。位于委内瑞拉东南部的丘伦河上，名字来源于发现者——美国探险家安赫尔。安赫尔瀑布隐藏在高山密林里，最高落差979米，只有乘飞机才能看到它的全部雄姿。

壮观的安赫尔瀑布

卡奈马国家公园

卡奈马国家公园位于安赫尔瀑布下游地区，建于1962年，是委内瑞拉第二大国家公园，1994年被联合国教科文组织宣布为世界自然遗产。园内的热带森林、草原、河流和瀑布群形成的景观非常秀美，每年都有世界各地的游客慕名而来。

知识小笔记

地方小档案

国　名：委内瑞拉玻利瓦尔共和国
面　积：91.67万平方千米
首　都：加拉加斯

马拉开波湖

马拉开波湖位于委内瑞拉的西北部，南北长155千米，东西宽95千米，是世界上产量最高、开采最悠久的"石油湖"。湖区储油量约50亿桶，从湖的东西两岸眺望湖面，只见井架林立、油管密布、油塔成群，十分壮观。

新年习俗

委内瑞拉人的新年习俗千奇百怪。人们认为黄色代表财富，在新年来临之际，人们都要贴身穿着黄色衣服，期望来年能够发财。如果来年有外出打算，出行者就会拎起一个行李箱，在住处周围走上一圈。

南美洲

玉米之仓——秘鲁

秘鲁位于南美洲西部，是一个拥有多个种族、多种语言和多种文化的国度。秘鲁在印第安语中意为"玉米之仓"，因此地盛产玉米而得名。这里有闻名世界的"不雨城"，还有建在山丘上的马丘比丘古城，我们一起去看看吧！

世界"不雨城"

秘鲁首都利马跨里马克河南北岸。利马的名字即来源于里马克河，四季无雨，是世界闻名的"不雨城"。这里的街道上没有一处下水道，城里的居民住宅都是土坯房，有的住房干脆就是用纸板拼成的，有的住房甚至连房顶也没有。

note 知识小笔记

地方小档案

国 名：秘鲁共和国
面 积：128.52 万平方千米
首 都：利马

马丘比丘古城

马丘比丘古城

马丘比丘古城为世界七大奇迹之一，是秘鲁受欢迎的旅游景点之一。马丘比丘被称作"失落的印加城市"，是秘鲁的一个保存完好的前哥伦布时期的印加遗迹。据推测，马丘比丘建于 15 世纪，整个遗址高耸在海拔 2400 米的山脊上。

皇家费利佩城堡 ▶▶▶

皇家费利佩城堡位于首都利马以西14千米处，占地7万平方米，是西班牙殖民统治者在美洲殖民地修筑的规模最大的防御工事。远远望去，淡黄色的城墙内碉堡矗立，在万里晴空下尤显肃穆壮观。

皇家费利佩城堡

纳斯卡巨画 ▶▶▶

在秘鲁南部的纳斯卡地区，存在着一个2000年的谜：一片绵延几千米的线条，构成各种生动的图案，镶刻在大地之上。这些图案究竟是用来干什么的？目前，比较公认的说法是古纳斯卡人分配水源的标志，而那些图案是不同家族的族徽。

地面上呈现出各类神秘的图案，至今也无人知晓其中的奥秘。

"秋摇"遮耳帽 ▶▶▶

"秋摇"遮耳帽是安第斯山区居民常用的御寒物品，如今，已经成为秘鲁极具民族特色的手工艺品。一般用羊驼毛或羊毛织成，设计古朴，有遮耳，缀流苏，五颜六色，保暖效果非常好。

五颜六色的"秋摇"遮耳帽是秘鲁极具民族特色的手工艺制品

南美洲

足球大国——巴西

巴西是一个多姿多彩的国家，位于中南美洲，东临大西洋，国土面积居世界第五。巴西是世界足球大国，足球运动不仅是巴西民众的共同爱好，也是整个民族的骄傲。巴西职业球队之多，可谓世界之冠，因此有"足球大国"的美誉。

年轻的城市

巴西首都巴西利亚是一座年轻的现代化城市。它是 20 世纪中期在一片荒野上建造起来的新首都。1987 年，巴西利亚被联合国教科文组织确定为"人类文化遗产"，成为众多璀璨辉煌的世界人类文化遗产中最年轻的一个。

伊瓜苏瀑布是世界上最大的多级瀑布

note 知识小笔记

地方小档案

国　　名：巴西联邦共和国
面　　积：854.74 万平方千米
首　　都：巴西利亚

伊瓜苏国家公园

有"魔鬼之喉"之称的伊瓜苏瀑布是世界五大瀑布之一，位于阿根廷和巴西两国边境。巴西与阿根廷各在瀑布旁设立国家公园。1986 年，巴西伊瓜苏国家公园被联合国教科文组织作为自然遗产，列入《世界遗产名录》。

"咖啡王国"

巴西以咖啡质优、味浓而驰名全球，是世界上最大的咖啡生产国和出口国，素有"咖啡王国"之称。在巴西，无论在城市还是乡村，各式各样的咖啡屋随处可见。人们几乎随时随地都可以喝到浓郁芳香的热咖啡。

咖啡豆

桑巴舞

桑巴舞被称为巴西的"国舞"，人们不分男女老幼，平时跳，节假日更跳。每当音乐声起，人们总是情不自禁地跳起来。桑巴舞演员无论男女，都身着华美绝伦、色彩艳丽的服装。

狂欢节

巴西狂欢节被称为世界上最大、最奔放的狂欢节，每年吸引国内外游客数百万人。在巴西各地的狂欢节中，尤以里约热内卢最著名、最令人神往；而巴伊亚州首府萨尔瓦多市的狂欢节独具特色，是巴西传统和狂欢节精神最真实的体现。

巴西狂欢节

南美洲

丝带国——智利

智利位于南美洲西南部，是拉丁美洲比较富裕的国家，它拥有非常丰富的矿、林、水产资源，铜的蕴藏量居世界第一，还是世界上唯一生产硝石的国家。由于地形狭长，在地图上看，好像南美洲的"裙边"，有"丝带国"的美誉。

首都圣地亚哥

智利首都圣地亚哥是一座美丽的现代化城市，位于智利中部，坐落在马波乔河畔，东依安第斯山。作为"铜矿之国"的首都，处处都能感受到铜的存在。漫步街头，大小各异、千姿百态的纪念铜像让人目不暇接，仿佛置身于铜像的世界。

复活节岛

智利的复活节岛位于太平洋东南部，以神秘巨像闻名遐迩。岛上有 600 多尊面朝大海的古代巨大半身石雕像，石像造型奇特，雕技精湛，令人赞叹。1996 年，该岛被联合国教科文组织列为世界文化遗产。

复活节岛上的
半身石雕像

"铜矿之国"

智利的矿藏、森林和水产资源丰富，以盛产铜而闻名于世，素称"铜矿之国"。已探明的铜蕴藏量达 2 亿吨以上，居世界第一位，约占世界储藏量的 1/3。铜的产量和出口量均为世界第一。

瓦尔帕莱索

瓦尔帕莱索是智利最大、最繁忙的贸易港，也是南美洲太平洋海岸的重要海港。它位于太平洋瓦尔帕莱索海湾南岸，距首都圣地亚哥约 130 千米，始建于 1536 年。这里气候宜人，风景秀丽，是著名的旅游胜地。

繁华忙碌的瓦尔帕莱索贸易港

"世界旱极"

阿塔卡马沙漠位于智利北部，南北长约 1100 千米。在阿塔卡马沙漠里人口最密集的城市——安托法加斯塔，几乎全年都是晴天，平均年降水量仅 3 毫米，而周围大部分地方更是几十年，甚至上百年没有下过雨，阿塔卡马沙漠因此而被称为"世界旱极"。

note 知识小笔记

地方小档案

国　名：智利共和国
面　积：75.66 万平方千米
首　都：圣地亚哥

阿塔卡马沙漠

南美洲

白银之国——阿根廷

阿根廷是一个美丽富饶的国度,位于南美洲南部,被称作"白银之国"。在这里,我们将会去大草原了解热情的牧羊人,欣赏激情四射的探戈舞,参观那古老的五月广场,品尝鲜嫩可口的阿根廷烤肉。

"南美巴黎" >>>

阿根廷首都布宜诺斯艾利斯是拉美繁华的都市之一,西班牙语意为"好空气"。该市位于拉普拉塔河西岸,风景秀美,气候宜人,有"南美巴黎"之称。市内以街心公园、广场和纪念碑众多而著名。

首都布宜诺斯艾利斯

莫雷诺冰川 >>>

莫雷诺冰川位于阿根廷南部,是世界上少数活着的冰川。它有20层楼高,绵延30千米,有20万年历史。这里汇聚了几十条冰流和冰块,每隔20分钟左右,就可以看到"冰崩"奇观。

莫雷诺冰川

探戈之乡

华丽高雅、热烈奔放的探戈舞源于阿根廷，被阿根廷人视为国粹，发源于阿根廷首都布宜诺斯艾利斯的港口地区。在首都布宜诺斯艾利斯和其他任何一个城市大街上，常常能欣赏到浓浓韵味的探戈舞。

探戈

note 知识小笔记

地方小档案

国　名：阿根廷共和国
面　积：278.04 万平方千米
首　都：布宜诺斯艾利斯

"美洲巨人"

阿空加瓜山位于阿根廷与智利交界的门多萨省的西北端，海拔 6964 米，是南美洲最高峰，也是地球上最高的死火山，绰号"美洲巨人"。山麓多温泉，附近著名的自然奇观印加桥为疗养和旅游胜地。

阿空加瓜山

五月广场

五月广场被阿根廷人视为共和国的神经中枢。其前身是"胜利广场"，与布宜诺斯艾利斯城同时诞生，已经有 400 多年的历史。五月广场是阿根廷共和国独立的纪念地，也是阿根廷的象征。广场中心矗立着雄伟的五月金字塔。

拥有 400 多年历史的五月广场

南美洲

钻石之国——乌拉圭

乌拉圭位于南美洲东南部，乌拉圭河与拉普拉塔河的东岸，北邻巴西，西界阿根廷，东南濒大西洋。从地图上看，乌拉圭形状很像一颗宝石，而其又盛产紫晶石，因此有"钻石之国"的美誉。

"阳台王国"

乌拉圭首都蒙得维的亚位于拉普拉塔河下游，濒临南大西洋，是乌拉圭最大的海港。蒙得维的亚以建筑业发达闻名，建筑物风格各异，拥有闻名于世界的构思独特的阳台，被誉称为"阳台王国"。

萨尔托

萨尔托是乌拉圭西北部边境城市，萨尔托省首府，全国第二大城市。位于乌拉圭河东岸，同阿根廷孔科尔迪亚隔河相望，有渡轮往来。城市附近多急流瀑布，城北 6 千米处有萨尔托矿泉，为旅游疗养胜地，每年吸引着很多国内外游客前来观光旅游。

note 知识小笔记

地方小档案

国 名：乌拉圭东岸共和国
面 积：17.62 万平方千米
首 都：蒙得维的亚

乌拉圭总统巴斯克斯在国会大厦

国会大厦 >>>

国会大厦是乌拉圭规模最大的建筑物，也是最充分展示乌拉圭雕塑艺术的场所。整座大厦宏伟壮观，耗时 17 年建成，高 40 米，占地 8000 平方米。大厦的外部墙上有精心制作的大量浮雕，内部则以多彩的天然大理石镶面，并有众多壁画。

埃斯特角市 >>>

埃斯特角市位于蒙得维的亚以东，是著名的避暑胜地，许多国际和地区会议常在此举行。这里风光秀丽，草木常青，在郁郁葱葱的树木花丛中，建有许多的别墅和宾馆及疗养院。每年到这里消夏和疗养的游客络绎不绝。

埃斯特角市

"村落居"博物馆 >>>

"村落居"博物馆位于蒙得维的亚以东 100 多千米的拉普拉塔河畔，由于整个建筑群为纯白色，当地人亲切地称之为"卡萨布兰卡"（白房子）。其建筑风格奇特，是一座非传统的地中海式别墅。

"村落居"博物馆

南美洲

北美洲

北美洲是"北亚美利加洲"的简称，位于西半球的北部。东滨大西洋，西临太平洋，北濒北冰洋，南以巴拿马运河为界，同南美洲分开。面积为2422.8万平方千米，是世界第三大洲。其地跨热带、温带、寒带，气候复杂多样。

超级大国——美国

美国位于北美洲中部，它的领土几乎横跨整个北美洲大陆，还包括北极边缘的阿拉斯加以及远在太平洋赤道地区的夏威夷。300年前，这里还只是一大片荒原，如今却成为世界经济强国。让我们去这个美丽的国度看看吧！

白宫

白宫是美国总统官邸，坐落在首都华盛顿市中心区的宾夕法尼亚大街，与高耸的华盛顿纪念碑相望。白宫始建于1792年，从1800年美国第二位总统起，历位总统都以此为官邸。如今，白宫的一部分在规定时间内向全世界公民开放，因此成了游人观光的热点。

note 知识小笔记

地方小档案

国 名：美利坚合众国
面 积：962.91万平方千米
首 都：华盛顿

繁华的纽约

纽约是美国最大的城市，也是第一大商港，世界金融中心之一。这里有许多直耸云霄的高大建筑，因此被称为摩天大楼，帝国大厦是纽约最高的建筑。这里的大学、博物馆、音乐厅等的数量和规模在美国均居第一。

美丽繁华的纽约

黄石国家公园

黄石国家公园简称黄石公园，是世界第一座国家公园，建立于 1872 年。它位于美国中西部怀俄明州的西北角，面积达 8983 平方千米。1978 年，黄石公园被列入联合国《世界遗产名录》。这里景色秀丽，引人入胜，其中以每小时喷水一次的"老实泉"最为著名。

黄石国家公园的"老实泉"

夏威夷

夏威夷是太平洋上一颗明珠，是太平洋地区海空运输的枢纽。夏威夷群岛是由 124 个小岛和 8 个大岛组成的新月形岛链，弯弯地镶嵌在太平洋中部水域，所以有"太平洋十字路口"和"美国通往亚太的门户"之称。夏威夷的闻名之地有：檀香山、威尔基海滩和珍珠港。

北美洲

金门大桥 >>>

金门大桥是世界上壮观的大桥之一，被誉为近代桥梁工程的一项奇迹。大桥矗立于加利福尼亚州的金门海峡之上，造型宏伟壮观、朴素无华。桥身呈朱红色，横卧于碧海白浪之上，华灯初放，如巨龙凌空，使旧金山市的夜空景色更加壮丽。

金门大桥

自由女神像 >>>

自由女神像坐落于美国纽约州纽约市附近的自由岛，是法国在 1876 年赠送给美国独立 100 周年的礼物，现在也是美国重要的观光景点。自由女神像重 225 吨，高 46 米，底座高 45 米，其全称为"自由女神铜像国家纪念碑"，正式名称是"照耀世界的自由女神"。整座铜像以 120 吨钢铁为骨架，80 吨铜片为外皮，30 万只铆钉装配固定在支架上。铜像内部的钢铁支架是由建筑师维雷勃杜克和以建造巴黎埃菲尔铁塔闻名于世的法国工程师埃菲尔设计制作的。

美国自由女神像

迪斯尼乐园 ▷▷▷

位于美国加利福尼亚州的洛杉矶迪斯尼乐园是全球第一个，也是最大的迪斯尼乐园。1955年，由美国动画片先驱沃尔特·迪斯尼创办。这里有众多的卡通明星，大人和孩子都很喜爱这个乐园，每年都有几百万名游客来到这里。

迪斯尼乐园——白雪公主城堡

美国总统山

总统山 ▷▷▷

拉什莫尔山国家纪念公园，俗称美国总统山。因为公园内有4座高达约18米的美国前总统头像而得名，他们分别是乔治·华盛顿、托马斯·杰斐逊、西奥多·罗斯福和亚伯拉罕·林肯。每年这里能吸引众多游客前来观光旅游。

科罗拉多大峡谷 ▷▷▷

科罗拉多大峡谷是一处举世闻名的自然奇观，是美国西南部科罗拉多河中游的大峡谷。大峡谷全长446千米，平均谷深约1600米，总面积2724平方千米。由于科罗拉多河流过其中而得名，它是联合国教科文组织选为受保护的天然遗产之一。

北美洲

枫叶之国——加拿大

加拿大是北美洲最北的国家，也是世界面积第二大国。加拿大人对枫树特别钟爱，因此有"枫叶之国"的美誉。让我们一起去欣赏漫山遍野的枫叶奇景，去茫茫雪原参加狗拉雪橇的比赛，领略尼亚加拉大瀑布的雄伟壮丽吧！

严寒之都——渥太华

加拿大首都渥太华位于圣劳伦斯河支流渥太华河下游南岸。渥太华处于低地，平均海拔约109米，是世界上寒冷的首都之一，最低气温曾达 -39℃。据统计，渥太华每年约有8个月夜晚温度在0℃以下，所以被称为"严寒之都"。

note 知识小笔记

地方小档案

国　名：加拿大
面　积：约997.6万平方
　　　　千米
首　都：渥太华

尼亚加拉瀑布

尼亚加拉瀑布位于加拿大与美国边境的尼亚加拉河上，号称世界七大奇景之一，与南美的伊瓜苏瀑布及非洲的维多利亚瀑布合称世界三大瀑布。其以宏伟的气势，丰沛而浩瀚的水汽吸引了许多海内外游客。

尼亚加拉瀑布

温哥华 ▶▶▶

温哥华位于加拿大不列颠哥伦比亚省南端，是一座美丽的城市。它三面环山，一面傍海，终年气候温和湿润，环境宜人，是加拿大著名的旅游胜地，为天然不冻的深水港，即使寒冬腊月，平均温度也在0℃以上。

美丽的温哥华

姹紫嫣红的枫树林。加拿大人非常钟爱枫树，在加拿大国旗上，绘有一片11个角的红色枫树叶。

枫树之国 ▶▶▶

枫树是加拿大的国树，也是加拿大民族的象征。加拿大境内多枫树，每到秋天，满山遍野的枫叶或呈橘黄，或显嫣红，宛如一堆堆燃烧的篝火。加拿大国旗上的枫叶代表了加拿大人对枫叶的钟爱。

北美洲

仙人掌王国——墨西哥

墨西哥位于北美洲南部，拉丁美洲西北端，境内多为高原地形，冬天不冷，夏天不热，四季万木常青。这里是仙人掌的故乡，全世界的2000多种仙人掌，墨西哥就有一半以上，因此号称"仙人掌王国"。

墨西哥城

墨西哥城位于墨西哥高原南部墨西哥谷地，海拔2230米。它是举世闻名的旅游胜地，西半球最古老的城市。市内以及城市周围星罗棋布的古印第安人文化遗迹，是墨西哥，也是全人类文明历史的宝贵财产。

墨西哥城

国立人类学博物馆

国立人类学博物馆位于墨西哥城查普尔特佩克公园内，占地12.5万平方米，是拉丁美洲规模巨大的著名博物馆之一。馆内以古印第安文物为主，介绍了人类学、墨西哥文化的起源以及印第安人的民族、艺术、宗教和生活。

国立人类学博物馆

墨西哥金字塔

太阳金字塔和月亮金字塔是墨西哥的重要文化古迹之一，位于墨西哥城北部40千米处，是古代阿兹特克人建造的特奥蒂瓦坎古城遗址重要的组成部分。它们以其独特的建筑风格和难解的谜团闻名于世，每年吸引着众多的海内外游客。

墨西哥特奥蒂瓦坎古城遗址。图片中最近的是月亮金字塔，远处背景中最大的一座是太阳金字塔。

知识小笔记

地方小档案

国　名：墨西哥合众国
面　积：约196.44万平方千米
首　都：墨西哥城

美丽的蝴蝶谷

蝴蝶谷是墨西哥米却肯州中部的一片山区。每年11月初至第二年的3月，这片温暖如春的崇山峻岭就成为亿万只美洲王蝶过冬栖息和繁衍后代的家园，形成世界八大自然奇观中的绝妙一景。

仙人掌

仙人掌是墨西哥的国花。在墨西哥，无论是在荒无人迹的旷野，还是在城市的花圃，都可见到千姿百态的仙人掌。墨西哥仙人掌，种类繁多，具有多种用途，有的能做成各种菜肴，有的用来酿酒，有一种巨柱形仙人掌还可以用来解渴。

仙人掌是墨西哥的标志之一，在墨西哥有特殊的地位，当地印第安人把仙人掌视为神灵而对其顶礼膜拜。

北美洲

香蕉大国——哥斯达黎加

哥斯达黎加是中美洲南部一个美丽的国家。它北邻尼加拉瓜，南与巴拿马接壤。因盛产香蕉，有"香蕉大国"之称。让我们去哥斯达黎加品尝那浓香的咖啡，领略可可岛周围海域的"鲨鱼黑帮"，认识热情好客的哥斯达黎加人吧！

"花城"圣何塞

哥斯达黎加首都圣何塞位于哥斯达黎加中部，现代建筑与西班牙传统建筑交相辉映，极具异国风味。市内绿树成荫，街道依山而建，两旁是西班牙式别墅，家家户户的庭院里茶花或玫瑰花争奇斗艳，因此有"花城"的美誉。

圣何塞市区一景

阿雷纳尔火山

阿雷纳尔火山是哥斯达黎加最具魅力的活火山，因其经常喷发而闻名。火山间断地喷发，晚上看去，岩浆卷着被高温熔化的山石向坡下翻滚，形成了非常诡异却又无比灿烂的"焰火"，为中美洲著名的奇观之一，每年吸引很多游客慕名而来。

伊拉苏火山以自己独特的自然风光和火山奇景吸引着来自世界各地的旅游观光者

伊拉苏火山

伊拉苏火山是哥斯达黎加著名的旅游胜地，位于首都圣何塞以东约60千米处，海拔3 432米。其火山口直径1050米，深300米，底部有一潭碧绿的积水，上方则烟雾缭绕，气象万千。伊拉苏火山是一座间歇性火山，最近一次喷发是在1978年。

知识小笔记

地方小档案

国　名：哥斯达黎加共和国
面　积：5.11万平方千米
首　都：圣何塞

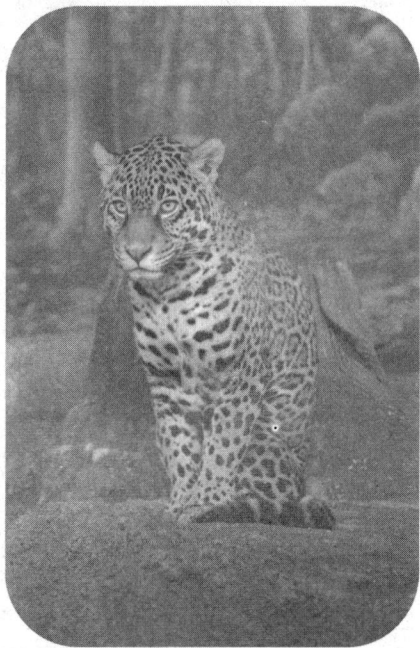

基督山国家公园

面朝南太平洋的基督山国家公园，坐落在奥萨半岛的海岸线上。这里与众不同的海湾美洲虎、貘、猩红色的金刚鹦鹉，惊险刺激的沿海热带雨林和人迹罕至的海滩，吸引着世界各地的旅游者。

"侏罗纪岛"

可可岛是世界珍稀动植物保护区，位于哥斯达黎加西南近500千米的东太平洋，坐落在古老火山之上，以自然景观和宝藏传说闻名于世。因为影片《侏罗纪公园》的灵感来源于此，因此该岛有"侏罗纪岛"之称。

北美洲

世界糖罐——古巴

古巴位于美洲中部加勒比海西北端，是西印度群岛最大的岛国，由1600多个小岛组成，拥有无数天然良港和海湾。古巴山清水秀，土地肥沃，甘蔗历来为国家经济的支柱，是世界上糖产量和出口量最多的国家，被称为"世界糖罐"。

哈瓦那

加勒比海的明珠 >>>

古巴首都哈瓦那是古巴政治、经济、文化和旅游中心，是西印度群岛中最大的城市，也是世界上美丽的城市之一。因为这里地处热带，气候温和，四季宜人，所以有"加勒比海的明珠"之称。

海明威博物馆 >>>

海明威博物馆位于哈瓦那东南大约15千米处，是美国著名作家海明威在古巴最后22年的居所。海明威的名著《老人与海》以及《丧钟为谁而鸣》就是在这里完成的。馆内共保存了2.2万余件海明威生前的物品，供游客参观凭吊。

圣地亚哥 ›››

圣地亚哥是古巴第二大城市和第二大海港，位于古巴岛东部，被马埃斯特腊山和加勒比海环抱着。圣地亚哥是一座山城，它景色秀丽，城里倾斜的街道是圣地亚哥的特色，曾为古巴首都。

圣地亚哥

迷人的巴拉德罗海滩 ›››

巴拉德罗海滩是古巴最著名的海滨游览胜地，也是世界上迷人的海滩之一。柔软细腻的沙滩洁白如雪，白天，游人可以三三两两在草棚和椰树下乘凉，在沙滩和躺椅上享受日光浴。到了晚上，游人可以在轻柔的晚风中欣赏古巴和世界名曲，观赏美妙的桑巴舞。

巴拉德罗海滩

古巴雪茄 ›››

雪茄烟草源自古巴，起源于 4000 多年前的美洲大陆。欧洲人认为只有在古巴产的烟叶和雪茄才是最好的，于是从 1510 年开始，古巴成批量地向欧洲出售烟叶和雪茄。古巴烟厂很多，哈瓦那雪茄代表着古巴雪茄的最高水平，成为古巴雪茄的代名词。

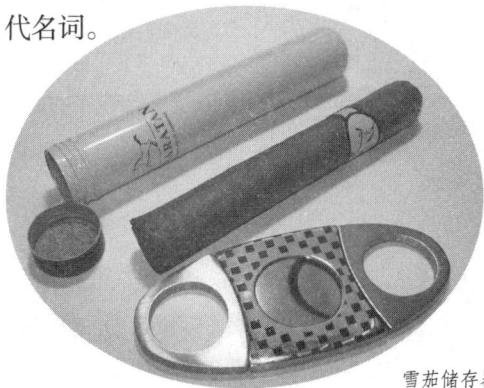
雪茄储存器和雪茄闸刀

note 知识小笔记

地方小档案

国　名：古巴共和国
面　积：11.09 万平方千米
首　都：哈瓦那

北美洲

泉水之岛——牙买加

牙 买加是一个位于加勒比海北部的美丽岛国。"牙买加"意为"泉水之岛",这是因为岛上水草丰茂、地下水源丰富而得名。这里拥有驰名世界的蓝山咖啡,无与伦比的自然景观,热情奔放的牙买加人民,让我们去看看吧!

加勒比城市的皇后

牙买加首都金斯敦是世界第七大天然深水良港,旅游疗养胜地。位于东南岸海湾内岛上最高山峰兰山西南脚下,附近有肥沃的瓜内亚平原。城市三面是苍绿的丘陵和山峰,一面是远海碧波,风景如画,被誉为"加勒比城市的皇后"。

note 知识小笔记

地方小档案

国 名:	牙买加
面 积:	约1.1万平方千米
首 都:	金斯敦

牙买加第二大城市蒙坦戈贝

蒙坦戈贝

蒙坦戈贝被牙买加人昵称为"梦湾",是牙买加第二大城市,世界知名的加勒比海休闲度假胜地。世界各地的游客常来此度假,享受水上运动及高尔夫球,领略一望无际的海滩异域风情,其乐融融。

蓝山咖啡 >>>

牙买加是咖啡的重要生产国之一，蓝山咖啡是世界上最昂贵的咖啡。位于牙买加东部的蓝山山脉拥有肥沃的火山土壤，空气清新，没有污染，气候湿润，终年多雾多雨，这样的气候造就了享誉世界的牙买加蓝山咖啡。

蓝山咖啡拥有所有好咖啡的特点，口味浓郁香醇，市面上一般都以味道近似的咖啡调制。

雷鬼乐之父鲍勃·马利。"雷鬼"的名称来自牙买加某个街道的名称，意思是指日常生活当中一些琐碎的事情。

雷鬼乐 >>>

雷鬼乐是早期牙买加的流行音乐之一。它不仅融合了美国节奏蓝调的抒情曲风，同时还加入了拉丁音乐的热情，因此从一开始就迅速步入主流音乐。雷鬼乐对其他各种音乐都有深远的影响，尤其是舞曲方面，影响了全球的舞曲文化。

哥伦布公园 >>>

哥伦布公园是哥伦布发现牙买加时最初登陆的地点，称作"发现湾"，曾是一个可以眺望大海的小山丘，现在辟为公园。这里竖有哥伦布像，并陈列着大炮及炮台等遗迹。另外在5千米远处，是当年被英国人打败的西班牙人仓皇逃走之地，称为"逃命湾"。

矗立在哥伦布公园的哥伦布雕像

北美洲

珊瑚岛国——巴巴多斯

巴巴多斯是一个呈梨形的珊瑚岛，也是世界上小型的岛国之一，位于加勒比海东部。该岛是一个珊瑚岛，犹如一颗晶莹的珍珠闪烁在碧波荡漾的加勒比海上，有"珊瑚岛国"之称。风光旖旎，小巧玲珑，花4个小时就可驱车沿海滨公路绕全国一周。

甘蔗之国 ▷▷▷

巴巴多斯是世界闻名的"甘蔗之国"。因为这里阳光充足、雨量充沛、土质肥沃，甘蔗种植面积占全岛可耕地面积的4/5以上。每年当甘蔗收割完毕，人们就会开始欢庆一年一度最盛大的民间节日——甘蔗节。

"桥城" ▷▷▷

巴巴多斯的首都布里奇敦是全国唯一的港口，也是一个人口密集且风景如画的城市，位于西印度群岛巴巴多斯岛西南卡莱尔湾畔，始建于1628年。英国殖民者发现了这里有一座印第安人建造的木桥，故称之为"桥城"。

note 知识小笔记

地方小档案

国　名：巴巴多斯
面　积：431平方千米
首　都：布里奇敦

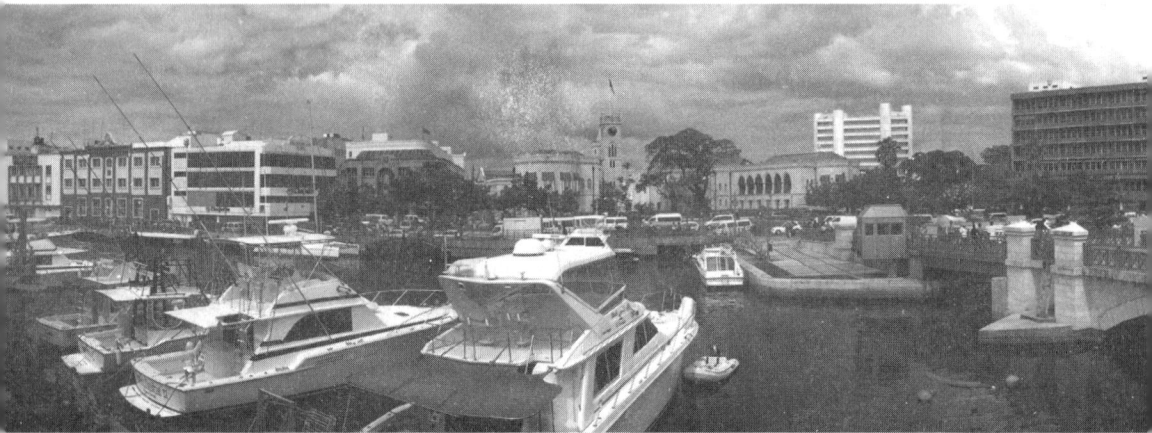

巴巴多斯迷人的首都——布里奇敦

巴希巴风景区 >>>

地处东海岸的巴希巴由于面向大西洋，且海面风高浪急，被海浪冲刷的岩石千姿百态，吸引了大量游客，国际冲浪比赛也常常在这里举行。又因此地风景酷似苏格兰的部分地区，所以被称为巴巴多斯的"苏格兰"。

巴巴多斯流通纪念币

"阳光富翁" >>>

巴巴多斯是世界上人口密度大的国家之一。它地处北纬13°，距离赤道不远，所以拥有取之不尽的阳光财富，被称为"阳光富翁"。这里终年日出时间是4时，日落时间是18时，全年平均日照时间达3000小时。

飞鱼穿梭成美景 >>>

巴巴多斯以盛产飞鱼而闻名于世，在巴巴多斯的一元硬币上，就有一个飞鱼的图案。飞鱼其实不会飞，而是依靠长而宽大的胸鳍滑翔。巴巴多斯的飞鱼有100多个种类，小飞鱼不过手掌大，大的有两米多长。飞鱼是巴巴多斯的特产，也是这个岛国的象征。

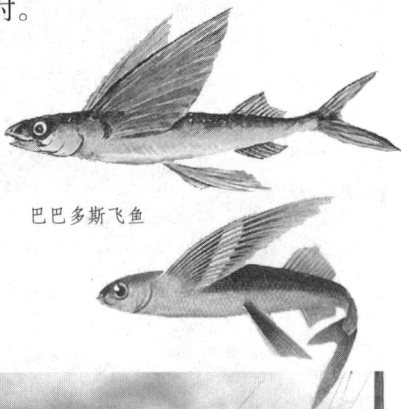

巴巴多斯飞鱼

北美洲

111

非 洲

  非洲是"阿非利加洲"的简称，希腊文"阿非利加"是"阳光灼热"的意思。位于东半球的西南部，地跨赤道南北，西北部的部分地区伸入西半球。面积约为3020余万平方千米，次于亚洲，为世界第二大洲，有"热带大陆"之称。在地理上，习惯将非洲分为北非、东非、西非、中非和南非5个地区。

金字塔之乡——埃及

埃及是世界四大文明古国之一，地跨亚、非两洲，大部分领土位于非洲东北部。埃及是典型的沙漠之国，因为除了土壤肥沃的尼罗河大峡谷和三角洲地区，其余96%的地区都是沙漠。这里有撒哈拉大沙漠和举世闻名的金字塔。

生命之河——尼罗河

尼罗河从南到北贯穿埃及1350千米，被称为埃及的"生命之河"。全长6671千米，是世界上最长的河流。尼罗河两岸是埃及最富饶的地区，古时候，这里是一派欣欣向荣的景象：渔夫在河里捕鱼，农民们在河岸上收割庄稼。

尼罗河两岸

狮身人面像的故事

相传，公元前2610年，法老胡夫巡视自己的陵墓工程时，吩咐为自己雕凿石像。工匠别出心裁地雕凿了一头狮身，而以这位法老的面像作为狮子的面。这就是狮身人面像，如今已成为埃及著名的古迹。

狮身人面像

神秘的金字塔

埃及金字塔是埃及古代帝王为自己修建的陵墓。在埃及，大大小小的金字塔有 80 多座，其中最为著名的是尼罗河畔开罗吉萨省的 3 座大金字塔。它修建于 4500 年前，用了 20 年的时间才完成，法老就被埋葬在金字塔尖顶下面的房间里。

金字塔

木乃伊

古埃及人相信人死后还会有来世，所以为了防止尸体腐烂，他们把尸体用绷带包裹起来，制成木乃伊，以求永生。古埃及人不仅仅把人制成木乃伊，他们还把一些动物也制成了木乃伊，如猫、蛇、河马等。

木乃伊

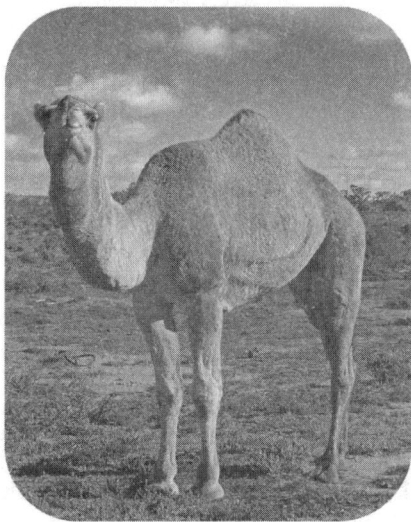

单峰骆驼

知识小笔记

地方小档案

国　名：阿拉伯埃及共和国
面　积：约 100.15 万平方千米
首　都：开罗

单峰骆驼

在埃及巍峨的金字塔脚下，常常可以看到披红挂绿、招揽游客的骆驼。埃及骆驼只有一个驼峰，所以也被称为单峰骆驼。它能帮助人们穿越异常干燥的大沙漠。在埃及首都开罗，街上的骆驼随处可见。

非洲

北非花园——摩洛哥

摩洛哥位于非洲西北端，东接阿尔及利亚，南部为撒哈拉沙漠，西濒浩瀚的大西洋，北隔直布罗陀海峡与西班牙相望。摩洛哥常年气候宜人，花木繁茂，是世界著名的旅游胜地，享有"北非花园"的美称。

美丽的"白色之城"

卡萨布兰卡在西班牙语中，意思是"白色的房子"。它是摩洛哥第一大城市和最大港口城市，濒临大西洋，树木四季常青，气候宜人。绵延几十千米的细沙海滩纵贯南北，是最好的天然游泳场。好莱坞电影《卡萨布兰卡》更是让这座白色之城驰名世界。

哈桑二世清真寺

哈桑二世清真寺坐落在美丽的海滨城市卡萨布兰卡，是世界第三大清真寺。寺内还有全世界最高的宣礼塔，高210米，其中1/3的面积建在海上，以纪念摩洛哥的阿拉伯人祖先自海上来。

note **知识小笔记**

地方小档案

国　名：摩洛哥王国
面　积：45.9万平方千米（不包括西撒哈拉沙漠）
首　都：拉巴特

哈桑二世大清真寺耗资5亿多美元，占地面积9公顷，祷告厅庞大豪华，可同时容纳10万人祈祷。

摩洛哥地毯

摩洛哥地毯世界闻名，其中最好的地毯每平方米要用 10000 根线来织。摩洛哥地毯色调调和着蓝、红、绿和黄色等丰富的色彩，设计上通常有一个中心主题和错综复杂的绳边。绳边越宽、越复杂的地毯就越贵。

首都拉巴特是最有名的一个集散中心，除了拉巴特外，多数的地毯都是柏柏尔部落制造的。

"摩洛哥南部明珠"

历史古城马拉喀什是摩洛哥第三大城市，也是南部地区政治中心。它位于国境南部，虽然地处沙漠边缘，但气候温和，林木葱郁，花果繁茂，以众多的名胜古迹和幽静的园林驰名于世，被誉为"摩洛哥南部明珠"。

历史古城马拉喀什

历史名都非斯的皮革业非常有名，更为奇特的是皮革的染色，染色原料都是纯天然的，五颜六色的染缸如同一张完整的画板，蔚为壮观。

非斯古城

摩洛哥历史名都非斯，位于国境北部，是摩洛哥国土上最早建立的阿拉伯城市，已有 2800 多年的历史，被视为伊斯兰教圣地之一。1980 年，该城以精湛的伊斯兰建筑艺术而被列入联合国《世界遗产名录》。

非洲

鸟兽乐园——肯尼亚

肯尼亚位于非洲东部,赤道横贯中部,东非大裂谷纵贯南北。因为这里有着大小50多个国家公园和野生动物保护区,仅珍禽异鸟,在纳库鲁湖国家公园中就有350多种,肯尼亚因此有"鸟兽乐园"之称。

"东非小巴黎"

肯尼亚首都内罗毕享有"东非小巴黎"的称号,坐落在海拔1700多米的中央高地南部。它四季如春,花团锦簇,又有"阳光下的花城"之称。早在80多年前,这里还是一片荒原,如今,已经发展为现代化城市。

肯尼亚首都内罗毕

图尔卡纳湖

图尔卡纳湖

图尔卡纳湖位于肯尼亚西北部,北与埃塞俄比亚边境相连。地处东非大裂谷东支,肯尼亚最大的内陆湖,东非第四大湖泊。图尔卡纳湖被认为是一个鱼资源极其丰富的渔场,盛产尖吻鲈、虎鱼以及多鳍鱼等。

东非最大港

蒙巴萨是肯尼亚第二大城，东非最大港口。位于肯尼亚东部沿海，东临印度洋，是进入肯尼亚内地的门户，距肯尼亚首都内罗毕480千米。蒙巴萨是东非著名的古城之一，最早为阿拉伯人所建。

马赛人的房屋用牛粪和树枝搭建而成。马赛人聚居在肯尼亚马赛马拉保护区附近一个马赛村落。

蒙巴萨北部海滩

火烈鸟的天堂

纳库鲁湖位于肯尼亚西部，是肯尼亚自然保护区之一。这里栖息着许多珍禽奇鸟，而最负盛名的就是火烈鸟了。这里的火烈鸟占世界火烈鸟总数的1/3，有200多万只，是"火烈鸟的天堂"。

知识小笔记

地方小档案

国　名：	肯尼亚共和国
面　积：	58.26万平方千米
首　都：	内罗毕

纳库鲁湖是火烈鸟的天堂，这里还栖息着其他许多珍禽奇鸟。

非洲

丁香之国——坦桑尼亚

"丁香之国"坦桑尼亚是东非最大的国家。它位于非洲东部、赤道以南。在这里，你可以见到非洲大陆最高的山、最深的湖，欣赏白雪皑皑的山脉，形态万千的珊瑚礁岛，又可以感受灵长类动物栖息的原始热带雨林，一起去看看吧！

国花丁香

丁香被誉为坦桑尼亚的国花。坦桑尼亚的丁香产量占世界总产量的80%以上，是世界上最大的丁香生产国和出口国，因此拥有"丁香之国"的雅称。

闻名世界的木雕

坦桑尼亚的木雕艺术历史悠久，雕刻技艺精湛，其中以乌木雕刻最为著名。乌木又叫黑檀木，是世界上坚硬且珍贵的树种之一。在非洲形形色色的乌木品种中，坦桑尼亚乌木的品质最好，而精细的做工以及栩栩如生的造型，更是令人叹为观止。

坦桑尼亚木雕。走进坦桑尼亚的乌木雕刻艺术品商店，这里几乎每一件作品都令人拍案叫绝。

note 知识小笔记

地方小档案

国　名：坦桑尼亚联合共和国

面　积：约94.5万平方千米

首　都：达累斯萨拉姆，新首都多多马在建设中

乞力马扎罗山

乞力马扎罗山是非洲最高的山，是一个火山丘，海拔5895米，素有"非洲屋脊"之称。它位于坦桑尼亚乞力马扎罗东北部，邻近肯尼亚，是坦桑尼亚与肯尼亚的分水岭，距离赤道仅300多千米。

迷人的纳特龙湖

纳特龙湖地处坦桑尼亚北部与肯尼亚的交界处，位于阿鲁沙西北面113千米的东非大裂谷。湖长56千米，宽24千米，有盐、苏打、菱镁矿等矿藏。湖水温暖，成为大裂谷红鹳理想的繁殖场所。

乞力马扎罗山

东非大裂谷

东非大裂谷是非洲的地理奇观，是世界上最大的断裂带，约3000万年前的地壳板块运动地层断裂而形成。东非大裂谷横贯在非洲东、南部，其中以肯尼亚境内及坦桑尼亚北部一段的地貌特征最为显著。

非洲

黄金宝石之国——南非

南非位于非洲大陆的最南部，是一个多彩多姿的国度，也是世界上唯一一个同时存在 3 个首都的国家。由于南非的黄金、钻石生产和出口均居世界前列，所以有"黄金宝石之国"之誉。举世闻名的好望角就位于这里，让我们去看看吧！

鸵鸟蛋工艺品 >>>

南非的鸵鸟蛋工艺品举世闻名，是南非第三大旅游纪念品，仅次于黄金和钻石。南非的能工巧匠们在鸵鸟蛋上绘上各种人物、动物、树木花草、山水风光，把鸵鸟蛋壳雕刻成精美的雕塑和灯罩。

以气候恶劣、海浪滔天闻名的好望角。

好望角 >>>

好望角地处南非共和国南部，位于大西洋和印度洋的汇合处。"好望角"的意思是"美好希望的海角"，但这里是世界上最危险的航海地段。苏伊士运河通航前，来往于亚欧之间的船舶都经过好望角。1939 年，这里成为自然保护区。

克鲁格国家公园 >>>

克鲁格国家公园是南非最大的野生动物园，位于德兰士瓦省东北部。园内一部分为多岩石的开阔草原，一部分为森林和灌木丛，北部还有众多温泉。在园中一望无际的旷野上，分布着大象、狮子、犀牛和鸟类等异兽珍禽，还有非洲独特的猴面包树。

充满异域风情的猴面包树。猴面包树树冠巨大，树形壮观，果实甘甜多汁。

祖鲁族 >>>

祖鲁族是非洲的一个重要的民族，主要居住于南非的夸祖鲁—纳托尔省。祖鲁王国是 19 世纪南非历史中的一个重要角色。祖鲁族在南非曾经受到严重歧视，但现在，祖鲁是南非人口最多的种族，与其他南非人民享有相同的权利。

note 知识小笔记

地方小档案

国　名：南非共和国
面　积：122.1 万平方千米
首　都：比勒陀利亚为行政首都
　　　　开普敦为立法首都布隆方丹为司法首都

太阳城的迷城皇宫酒店的时间大桥

太阳城 >>>

在南非第一大城约翰内斯堡西北部，隐藏着一个神秘、令人充满幻想的世外桃源——太阳城。太阳城是南非的著名旅游胜地，这里有创意独特的人造海滩浴场、惟妙惟肖的人造地震桥、世界级高尔夫球场和人工湖。

非洲

红色沙丘的故乡——纳米比亚

纳米比亚位于非洲西南部，西濒大西洋，北与安哥拉、赞比亚为邻，东、南毗博茨瓦纳和南非。这里有壮观而又独特的海岸沙漠、艳丽的一望无垠的红色沙丘、奔跑追逐的野生动物、枯木老树的凄美身影，一起去看看吧！

首都温得和克

纳米比亚首都温得和克是纳米比亚最大的城市，海拔 1680 米，位于纳米比亚的中心。这里有琳琅满目的商店、餐馆、咖啡馆和酒吧；尖顶圆拱的基督教堂，日耳曼风格的城堡，庭院别墅色彩鲜艳，错落有致，是纳米比亚著名的旅游胜地。

> note **知识小笔记**
>
> ### 地方小档案
>
> | | |
> |---|---|
> | 国　名： | 纳米比亚共和国 |
> | 面　积： | 82.43 万平方千米 |
> | 首　都： | 温得和克 |

渥尔维斯湾

渥尔维斯湾也译作鲸湾港，位于纳米比亚西海岸，是重要的港口和旅游城市。这里有繁忙的货港，也有旖旎的海滨风光，还有生猛海鲜。游客既能观看到巨大的盐场，火烈鸟遍布的堰湖，还可乘游艇畅游海上，与海豚嬉戏。

位于纳米比亚西海岸的渥尔维斯湾

"战略金属储备库"

纳米比亚矿产资源丰富，素有"战略金属储备库"之称，主要矿藏有钻石、铀、铜、银等，其中，钻石生产驰名世界。采矿业是其经济的主要支柱，90%的矿产品用于出口。

各种矿物

纳米比沙漠

纳米比沙漠

以红色沙丘而闻名的纳米比沙漠位于纳米比亚境内大西洋海岸线，是世界上最古老的沙漠，也是非洲唯一有大象、犀牛、长颈鹿和狮子栖息的沙漠。纳米比沙漠绵延起伏，有一望无垠的沙丘，其中最大的一个沙丘高达325米，是世界上最高的沙丘！

埃托沙国家公园

闻名于世的埃托沙国家公园位于纳米比亚北部，面积达2万多平方千米，是非洲较大的国家公园之一。这里风景优美，地域辽阔，是许多珍禽异兽的栖息之地，有犀牛、猎豹、长颈鹿、非洲象和非洲狮等珍稀野生动物。

在埃托沙国家公园栖息着许多珍禽异兽，非洲狮就是这里的野生动物之一。

非洲

腰果之国——莫桑比克

莫桑比克位于非洲东南部。和大多数炎热干燥的非洲国家不同，这里气候温和，阳光充沛，没有大涝或大旱，非常适合腰果树生长。腰果给莫桑比克人带来可观的财富，莫桑比克也因此成为世界上独一无二的"腰果之乡"。

美丽的马普托海滩

马普托海滩非常迷人，是莫桑比克著名的旅游胜地。这里海水明净，海岸线漫长，当地人给这片海滩起了个很好听的名字——"阳光海滩"。每逢退潮，海边就会出现大片宽宽的沙滩，在阳光照耀下，仿佛金色的海洋。

莫桑比克首都——马普托，位于国土南端，临印度洋马普托湾。

note 知识小笔记

地方小档案

国　名：莫桑比克共和国
面　积：79.94 万平方千米
首　都：马普托

"吃猫鼠"的老家

莫桑比克生活着一种"吃猫鼠"。它能从嘴里喷出一股具有麻醉性的唾液，使猫接触后浑身发抖，瘫倒在地。吃猫鼠趁机跳上去，咬断猫的喉管，吸尽猫血，再把猫拖到鼠洞去美餐。

腰果树。莫桑比克的腰果树约为 3000 万棵，平均每个人拥有 6 棵。腰果的图案在莫桑比克随处可见，有关腰果的歌曲、诗歌和小说更是脍炙人口。

卡布拉巴萨水电站

　　卡布拉巴萨水电站位于莫桑比克境内赞比西河上游，是非洲第一大发电站。发电站具有发电、灌溉、航运、防洪等多种作用。枢纽主体建筑物包括一座双曲拱坝和两座地下厂房。

莫桑比克海峡

　　莫桑比克海峡位于莫桑比克与马达加斯加之间，是世界上最长的海峡，全长 1670 千米。莫桑比克海峡是从南大西洋到印度洋的海上交通要道，海里盛产龙虾、对虾和海参，并以其肉质鲜嫩肥美享誉世界市场。

莫桑比克渔业资源丰富，盛产对虾等水产品。渔业是该国最重要的出口创汇产业。

马普托火车站

　　莫桑比克有一个古老的火车站，即马普托火车站。它是由法国著名土木工程师埃菲尔设计的，建于 1910 年。这座具有近百年历史的火车站至今仍在使用，是马普托市内最典雅的建筑之一。

已经具有百年历史的马普托火车站

非洲

沙漠之国——利比亚

利比亚位于非洲北部、地中海南岸，撒哈拉沙漠约占国土面积的97％，是典型的沙漠化国家，因此有"沙漠之国"的称号。让我们一起去看看那奔跑的白骆驼，一望无际的金色撒哈拉沙漠吧。

加达梅斯古城

加达梅斯古城是撒哈拉沙漠北部古老的罗马城市遗址。由于建在一片绿洲之上，历来以"沙漠珍珠"著称。古城最突出的特色是居民住宅的建筑风格，这些房屋多为上下两层，每座房屋的地下还设有四通八达的半地下通道。

大莱普提斯遗址

大莱普提斯遗址位于的黎波里以东120千米的海岸上，是北非保存得最好的古罗马城市遗址。建于1~2世纪，一度曾是古罗马帝国最大的城市之一，当时的罗马皇帝塞维鲁大帝就出生于此。1982年，大莱普提斯遗址被列入《世界遗产名录》。

大莱普提斯遗址

"白色新娘"

利比亚首都的黎波里位于撒哈拉沙漠北部边缘、地中海南岸的一片绿洲之中，被誉为地中海的"白色新娘"。的黎波里是利比亚政治、经济和交通中心，这里有罗马时代的墙垣和清真寺等名胜，是著名的游览胜地。

的黎波里是利比亚的首都和最大港口，位于利比亚的西北部、地中海南岸。属于典型的地中海型气候，夏天干燥酷热，冬天时有冷雨。

古达米斯绿洲

古达米斯绿洲位于利比亚西北部，整个 19 世纪时是阿拉伯奴隶贸易的中心，现在为商队住地。古达米斯有围墙，内为白色房屋和有篷的街道。不同种族的人分别住在不同的街区，柏柏尔人住在城外。古达米斯旧城于 1986 年被列为世界遗产保护区。

萨布拉塔古城遗址

萨布拉塔古城遗址位于的黎波里以西的地中海岸边。萨布拉塔城南是宏伟的司法广场，广场东北端的一个平台上是一座规模不大、灰色墙壁的小寺庙。宏大的朱庇特神庙位于西南端，是萨布拉塔城最重要的寺庙。

萨布拉塔古城遗址

非洲

印度洋的明珠——毛里求斯

毛里求斯是非洲东部一个岛国，位于印度洋西南部。这里拥有金色的沙滩、湛蓝的海水、美丽的珊瑚礁、碧绿无垠的甘蔗田，享有"印度洋的明珠"之美誉。美国作家马克·吐温曾说："上帝先创造了毛里求斯，再仿照毛里求斯创造了伊甸园。"

风景秀丽的路易港 >>>

毛里求斯首都路易港位于毛里求斯岛西北部，是毛里求斯的主要港口。港口西北临印度洋，东南依耸立的山峦，使它成为景色秀丽的天然良港。市内建筑新旧交错，互相辉映，既有现代化的玻璃墙大厦，也有古典的欧洲式建筑物。

note 知识小笔记

地方 小 档案

国　名：毛里求斯共和国
面　积：0.204万平方千米
首　都：路易港

热情绚丽的塞卡舞 >>>

享誉世界的塞卡舞是毛里求斯特有的一种舞蹈，被毛里求斯人视为国宝。塞卡舞热情奔放，绚丽多姿，一般多以女子舞蹈为主，男子进行乐器伴奏和歌唱。如今，塞卡舞已经成为人们非常喜爱的非洲特定舞蹈形式之一。

毛里求斯东海岸

渡渡鸟

渡渡鸟是毛里求斯的特产，也是毛里求斯的象征，现已绝种。国徽、钱币、纪念品、艺术品、广告和俱乐部的名牌上，到处都能看到它的形象。政府希望以此提醒人们，不要让其他野生动植物重复上演渡渡鸟的悲剧。

粉红鸽子

毛里求斯的粉红鸽子是世界上珍稀鸟类之一。粉红鸽子原来广泛分布于毛里求斯的森林里，后来由于环境恶化，濒临灭绝。近年来，在毛里求斯政府的一系列保护措施下，粉红鸽子的数量开始增加。

渡渡鸟又称嘟嘟鸟、毛里求斯渡渡鸟，是除恐龙之外著名的已灭绝动物之一。渡渡鸟是一种仅产于毛里求斯岛上不会飞的鸟。

粉红鸽子

鹿岛风景

美丽的鹿岛

鹿岛在毛里求斯的东部海岸，是毛里求斯最著名的度假地之一，据说是因为以前有人在这里养过鹿而出名。岛上著名的是一个浅水沙滩，接近足球场那么大的地方，海水只到膝盖上下深，清澈见底。

非洲

西非水塔——几内亚

几内亚位于非洲西部，北邻几内亚比绍、塞内加尔和马里，东接科特迪瓦，南接塞拉利昂和利比里亚，西濒大西洋。西非三条主要河流——尼日尔河、塞内加尔河和冈比亚河均发源于此，因此有"西非水塔"之称。

"铝土之邦"

几内亚的铝矿储量占世界总储量的1/3，产量居世界第三位，出口量居世界之首，铝矾土及氧化铝的出口值占出口总值的97%，是外汇收入的主要来源，因此，几内亚又有"铝土之邦"的称号。

note 知识小笔记

地方小档案

国　名：几内亚共和国
面　积：24.58万平方千米
首　都：科纳克里

首都科纳克里

几内亚首都科纳克里是全国最大的城市，位于几内亚西南沿海，濒临大西洋，由罗斯群岛、卡卢姆半岛和与半岛相连的沿海陆地组成，是几内亚的最大海港，也是西非的大海港之一。

费萨尔清真寺

费萨尔清真寺

费萨尔清真寺是由几内亚的第一任总统艾哈迈德·塞古·杜尔建造的，沙特阿拉伯为它筹措了资金。在它的花园中，有一座陵墓，几内亚的英雄都埋葬在这里。

宁巴山自然保护区

宁巴山自然保护区位于几内亚、科特迪瓦和利比里亚边界一带。最高峰宁巴山，海拔1752米。宁巴山自然保护区始建于1944年，面积130平方千米，森林中有珍稀动物黑猩猩、矮水牛以及特有动物胎生蟾蜍等。

黑猩猩

1970年抵抗葡萄牙入侵纪念碑

"无声"瀑布

在几内亚的金迪亚城郊10千米处，有一个称作"新娘的面纱"的无声瀑布。该瀑布形成于一个高达百丈的陡峭断崖上，薄似蝉翼，透明如纱，堪称世界上最温柔、最秀丽的瀑布奇观。

几内亚新娘面纱瀑布

非洲

铜矿之国——赞比亚

赞比亚位于非洲中南部，东非大裂谷以西，是一个内陆国家。赞比亚矿藏丰富，盛产铜矿，是世界第四大产铜国，被誉为"铜矿之国"。这里有丰富的野生动物资源，更拥有举世闻名的维多利亚大瀑布，让我们去看看吧！

美丽的卢萨卡

赞比亚首都卢萨卡位于国境中南部高原。这里风景秀丽，气候温和，街道宽阔平坦，高楼鳞次栉比，到处绿地茵茵，鲜花锦簇，还有高大的热带植物，所有这些将这座城市装扮得十分美丽，使卢萨卡成为世界著名的花园城市。

美丽的卢萨卡拥有宽阔的街道

著名的维多利亚瀑布

壮观的维多利亚瀑布

维多利亚瀑布是世界三大瀑布之一，位于非洲第四大河赞比西河的转折处，距离赞比亚的利文斯顿市11千米。维多利亚瀑布实际上是一个庞大的瀑布群，由五条将近百米的大瀑布组成。

赞比西河 ▶▶▶

在卢萨卡南面，赞比亚与津巴布韦接壤处，横卧着一条河流，它就是非洲第四大河——赞比西河。它流经赞比亚 3/4 的国土，几个世纪以来，这条大河一直被赞比亚人奉为神灵，它是赞比亚的灵魂，被人们誉为"母亲河"。

赞比西河

黑猩猩庇护所 ▶▶▶

黑猩猩庇护所位于喀辅埃河上游的野生动物孤儿院中。曾经，数百万只黑猩猩在非洲赤道的森林中悠闲漫步，但如今，它们已濒于灭绝。目前，在黑猩猩庇护所里有 50 多只黑猩猩。

黑猩猩

note 知识小笔记

地方小档案

国　名：赞比亚共和国
面　积：75.26 万平方千米
首　都：卢萨卡

热情的赞比亚人 ▶▶▶

赞比亚人注重礼仪，热情好客。每当他们遇见外国客人，即使是初次相识，也会主动打招呼，热情问候，握手致意。在农村地区，妇女们遇见外国女宾客时，热情问候之后便围着女宾转圈，嘴里发出有节奏的尖叫声。

热情的赞比亚人

非洲

船旗国——利比里亚

利比里亚位于非洲西部，北接几内亚，西北接塞拉利昂，东邻科特迪瓦，西南濒大西洋。由于外国商船在利比里亚登记收税低廉，因而悬挂利比里亚国旗的商船吨位居世界第一，是全球著名的"船旗国"。境内年平均气温25℃，分旱季和雨季两个季节。

"非洲雨都"

利比里亚首都蒙罗维亚位于非洲西部大西洋沿岸梅苏拉多角和布什罗德岛上，是西非重要的出海门户，也是非洲距南美大陆最近的港口城市。年均降水量超过了5000毫米，素有"非洲雨都"之称。

note 知识小笔记

地方小档案

国　名：利比里亚共和国
面　积：11.14万平方千米
首　都：蒙罗维亚

橡胶种植

橡胶是利比里亚出口的重要产品，种植规模非常大。橡胶是利比里亚20世纪初期从南美洲引进来的，当时种植规模很小，而今天，橡胶已发展成为利比里亚重要的经济资源项目。费尔斯通种植园是利比里亚最大的种植园。

橡胶种植园。橡胶种植是利比里亚人主要的经济来源。

庞大的家庭

利比里亚人的家庭观念极强，在利比里亚土著人的观念中，家庭通常是同一祖父母或曾祖父母衍生下来的子孙，他们都属于一个家庭。因而，在利比里亚的农村，假如问到某个人家里有多少人，回答经常是一百人以上。

据动物学家估计，目前矮河马只剩下不到3000头。由于乱砍滥伐、耕地面积不断扩大以及偷猎行为日益猖獗，矮河马的生存发发可危。

矮河马

利比里亚的热带森林和沼泽中，生活着一种濒临灭绝的珍稀动物——矮河马。矮河马也叫倭河马，体型大小和猪差不多，水性不如河马，更习惯于在陆地上奔跑。矮河马喜欢独居，白天睡觉，晚上觅食，主要吃嫩叶和青草。

衣着

在利比里亚，由于天气比较炎热，人们的衣着比较简单。美国黑人移民后裔大多身穿笔挺的西装，他们尤其喜欢大礼帽、手杖、雪茄等，绅士派头十足。而当地的土著居民则完全保持着自己的生活方式，穿着本民族的服装，显示出原始的质朴和单纯。

形式多样的房屋

利比里亚的房屋种类很多，圆形、八角形、椭圆形房屋或长方形房屋都有。在大城市及行政、商业、交通中心，主要是铁皮房顶的长方形房屋，有的是多层，有的是单层，二层楼房居多。这种房屋一般是砖墙和水泥地。

利比里亚的各类建筑

非洲

印度洋上的天堂——塞舌尔

塞舌尔是一个迷人的群岛国家，位于印度洋西部，地处欧、亚、非三大洲中心地带，是亚非两洲的交通要冲。它由115个大小岛屿组成，全境50%以上的地区被辟为自然保护区。这里的海滩一望无垠，四季阳光灿烂，让我们去看看吧！

维多利亚

塞舌尔首都维多利亚是塞舌尔唯一的城市，坐落在马埃岛的东北角，城市依山傍水，环境幽雅秀丽，建筑典雅，小巧玲珑。维多利亚既是国际海运重要的中继站，又是重要的渔港及椰子、肉桂、香草和腌鱼的集散地。

塞舌尔首都维多利亚鸟瞰图

巨龟天堂

塞舌尔是陆上巨龟的天堂，有数量多到无法计算、体积大过一张饭桌的巨龟。阿尔达布拉岛是著名的"龟岛"。岛上生活着数以万计的大海龟：身长2米，体重200~500千克，人们把它们叫作"象龟"。

象龟

最大的岛屿

马埃岛是塞舌尔的第一大岛，这里奇峰幽谷，巍峨多姿，随处可见的奇岸异石，有的似睡狮，有的如奔马，惟妙惟肖，让你不由感叹大自然的奇异造化。这里还拥有世界一流的天然浴场，是进行海水浴、日光浴、风浴和沙浴的最理想地方。

塞舌尔风光

旅游胜地

塞舌尔是旅游度假的圣地，它的海滩浴场以自然美丽举世闻名，英法等欧美国家的富人们视这里为他们的世外桃源。据岛上人讲，世界上排名前十位的著名海滩，塞舌尔就占有三个。

知识小笔记

地方小档案

国　名：塞舌尔共和国
面　积：455平方千米
首　都：维多利亚

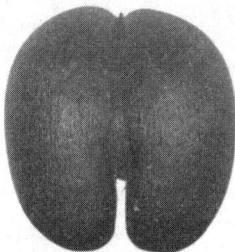

海椰子

"国宝"海椰子树

海椰子树是塞舌尔闻名世界的一种神奇植物。它高五六米，有雌雄之分，雄树高拔，雌树娇小，生长速度都极为缓慢，从幼株到成年需要25年。有趣的是，如果雌雄中的一株被砍，另一株便会"殉情而死"。

海椰子树

非
洲

139

花生之国——塞内加尔

塞内加尔位于非洲西部，是一个以生产花生而闻名世界的国家。该国是世界第四大花生生产国，是世界第一大花生出口国，因此有"花生之国"的美名。这里气候宜人，风景优美，人民热情好客，一起去看看吧！

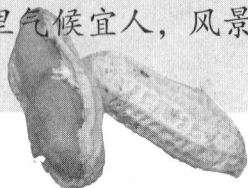

首都达喀尔是一个海港城市

首都达喀尔

塞内加尔首都达喀尔位于非洲西部、佛得角半岛的南侧，是非洲大陆离南美洲最近的城市，也是塞内加尔最大的贸易港。达喀尔是一座商业繁荣的城市，拥有整齐宽阔的热带林荫道、伊斯兰的圆顶清真寺、欧洲风格的教堂，以及闻名于世的雕刻制品。

粉红色的玫瑰湖

玫瑰湖是达喀尔一处旅游胜地。它是一处盐水湖，含盐量很高，丝毫不亚于死海，就是不会游泳的人躺在湖面上，也不会下沉。每年12月至次年1月，玫瑰湖会变成玫瑰花般的粉红色，如同一团粉红色的火焰，蔚为壮观，玫瑰湖因此而得名。

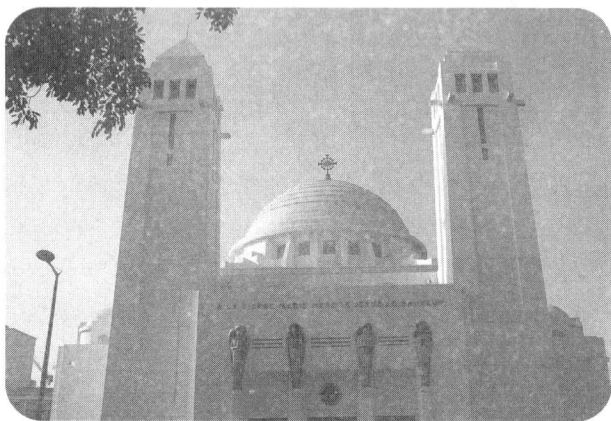

位于达喀尔的大教堂

达喀尔工艺村

达喀尔有一个工艺村，建于 1961 年。村民是从那些浪迹街头的手艺人中挑选出来的。他们在村内搭屋建坊，就地制作、出售各种工艺品。用鳄鱼皮、蟒皮等精制的各式包，大大小小的木雕、石雕等琳琅满目，让人眼花缭乱。

民间木雕艺术

木雕艺术在塞内加尔已有上千年的历史，它涉及的题材十分广泛，有人物雕像、面具，各种动物，等等。各类木雕构思奇特，充满想象；造型别致夸张，情趣朴实。它以独特的技艺表现了塞内加尔人民的生活和劳动，让人回味无穷。

塞内加尔的木雕艺术

知识小笔记

地方小档案

国　名：	塞内加尔共和国
面　积：	19.67 万平方千米
首　都：	达喀尔

举世闻名的奴隶岛

戈雷岛位于达喀尔东南海岸 3 千米处，该岛曾经是西非最大的奴隶转运站。据统计，历史上至少有 2000 万名黑人奴隶从戈雷岛被转卖出去，更有 500 万人死于岛上。如今，这里已成为奴隶博物馆，被联合国教科文组织列为世界文化遗产。

戈雷岛

非洲

可可之乡——加纳

加纳位于非洲西部，几内亚湾北岸，国土呈长方形，地形南北长、东西窄。"加纳"一词是沿用这个国家历史上一个古老的国名。加纳是举世闻名的"可可之乡"，种植可可已有一百多年的历史，在加纳，到处都可以看到可可种植园。

可可的绿色果实

海滨城市阿克拉

加纳首都阿克拉是加纳最大的城市港口，位于国境东南部，坐落在西非大西洋几内亚湾畔。这是一座已有 500 多年历史的城市，城市风光秀丽，阳光绚烂。漫步阿克拉海滨，只见一棵棵棕榈树矗立海天，随风摇曳，充满浓郁的异域风情。

note 知识小笔记

地方小档案

国　名：	加纳共和国
面　积：	23.95 万平方千米
首　都：	阿克拉

沃尔特河

沃尔特河

沃尔特河是西非第二大河，全长 1600 千米。沃尔特河的上源支流穿过萨瓦纳草原进入了加纳国境内，贯穿整个加纳，在加纳境内有 1100 千米，热带植物簇拥着美丽的沃尔特河，构成了加纳的独特风光。

埃尔米纳奴隶堡

埃尔米纳奴隶堡

埃尔米纳奴隶堡位于加纳首都以西130千米，这是一座依山傍海、规模宏伟的古堡，也是加纳最古老、西非极其有名的城堡。它早先是欧洲殖民者掠夺黄金的总部，随着奴隶贸易的兴起，它又成为囚禁奴隶并进行奴隶贸易的重要据点。

"黄金海岸"

加纳资源富饶，盛产黄金，是世界上著名的黄金产地，金匠的工艺在非洲也是数一数二的，加纳因此有"黄金海岸"的美称。加纳人的生活，处处都和黄金有关。许多加纳妇女都带着金首饰；人际交往时赠送金质工艺品，也被视为时髦而高雅的举动。

据说，世界上每三块巧克力中，就有一块的原料来自加纳。

崇拜凳子

如同中国人崇拜龙一样，加纳人崇拜凳子。对加纳人来说，凳子既是日常用品，也是漂亮的工艺品和珍贵的馈赠品。在加纳许多地方，青年男子向青年女子求婚，必须送去他自己精雕细刻的凳子作为信物，如果姑娘收下了，就说明愿意这桩婚事。

加纳盛产黄金，有"黄金海岸"之称。

大 洋 洲

大洋洲又称为澳洲，是指太平洋三大岛群，即波利尼西亚、密克罗尼西亚和美拉尼西亚三大岛群，并包括澳大利亚、新西兰和新几内亚岛，共1万多个岛屿。陆地总面积约897万平方千米，是世界上面积最小的一个洲。大部分处在南、北回归线之间，绝大部分地区属热带和亚热带。

袋鼠王国——澳大利亚

澳大利亚位于南太平洋和印度洋之间，是地球上最古老的大陆，也是全球经济发达的国家之一。这里拥有奇特壮观的大堡礁，种类繁多的珍禽异兽，一望无际的草原，形状各异的珊瑚岛，让我们一起去看看吧！

艾尔斯岩 >>

号称"世界七大奇景"之一的艾尔斯岩位于澳大利亚中北部，高348米，长3000米，是世界最大的整体岩石。它气势雄峻，犹如一座超越时空的自然纪念碑，突兀于茫茫荒原之上，在耀眼的阳光下散发出迷人的光辉。

艾尔斯岩

悉尼歌剧院 >>

驰名世界的悉尼歌剧院屹立于悉尼港畔的贝尼朗岬角之上。它三面临水，背倚植物园，犹如一组扬帆出海的船队，又如一枚枚白色巨型贝壳，是全世界大型的表演艺术中心之一。自建成40多年以来，一直以造型新颖而著称于世。

悉尼歌剧院

卡卡杜国家公园 >>>

卡卡杜国家公园位于澳大利亚北部，这里动植物种类繁多，仅红树属植物就有 22 种，飞禽种类超过 280 种。此外，公园内还有鸭嘴兽、袋鼠等澳大利亚特有的生物，以及 2 万年前的山崖洞穴间的原始壁画。

卡卡度国家公园岩画

知识小笔记

地方小档案

国　名：	澳大利亚联邦
面　积：	768.2 万平方千米
首　都：	堪培拉

袋鼠 >>>

袋鼠每年生殖 1~2 次，刚出生的小袋鼠非常微小，一直待在袋鼠妈妈的保育袋内 6~7 个月，才开始短时间地离开保育袋学习生活。1 年后才能正式断奶，离开保育袋。

大堡礁 >>>

大堡礁位于澳大利亚东北部，是世界上规模最大、景色最美的珊瑚礁群，世界七大自然景观之一，也是澳大利亚人最引以为豪的天然景观，被誉为"透明清澈的海中野生王国"。1981 年，联合国教科文组织将大堡礁列入《世界遗产名录》。

位于大堡礁上的苍鹭岛

大洋洲

世界边缘之国——新西兰

美丽的岛国新西兰位于太平洋西南部，是一个经济发达的国家。新西兰是世界上最南端的陆地，有"世界边缘之国"的称号。在这里你将品尝到美味的新西兰甜点，观赏碧水倒影的迷人湖泊，认识热情好客的毛利人！

毛利人

新西兰的原住民毛利人至今保留着独特习俗。每当客人来访时，一名威武的勇士就在客人面前一边挥舞长矛，一边瞪起双眼、口吐长舌，以示对造访者的诚意。传说，以前毛利人吐舌头是为吓退野兽。现在，如果你不被吓跑，好客的毛利人就会把你视为贵宾，用碰鼻礼和歌舞来欢迎你。

毛利人有一种独特的舞蹈，被称为"哈卡"，这种舞蹈来源于古毛利土著武士的站舞。

首都惠灵顿

新西兰首都惠灵顿是世界上处于最南端的首都，位于新西兰北岛的最南端，扼库克海峡咽喉。它三面青山环绕，一面临海，怀抱着尼科尔逊港。整个城市满目苍翠，空气清新，四季如春，是太平洋著名的旅游胜地。

惠灵顿的尼科尔逊港是仅次于奥克兰的全国第二大港，港区面积达83平方千米，可停泊万吨巨轮。

极限探险运动 >>>

新西兰的极限运动与探险旅行非常有名。早在 1988 年，南岛的皇后镇便建立了全球第一座商业化的高空弹跳场。登山也是颇为流行的运动，最有名的登山家是艾德蒙·希拉里爵士，他是全球第一位成功攀登珠穆朗玛峰峰顶的人。

新西兰登山家和探险家艾德蒙·希拉里爵士

知识小笔记

地方小档案

国　名：新西兰
面　积：27 万平方千米
首　都：惠灵顿

橄榄球 >>>

橄榄球是新西兰最受欢迎、影响最大的体育运动，新西兰国家橄榄球队因其一身全黑色的标志性队服而被称为"全黑队"。新西兰国家队曾经夺取过橄榄球世界杯冠军，并且长期名列世界前茅。2011 年，橄榄球世界杯赛在新西兰举行。

新西兰国家橄榄球队。新西兰国家橄榄球队在每次开场比赛前，总是集体表演哈卡舞，用以鼓舞士气。

马瑟森湖 >>>

马瑟森湖号称是新西兰最美丽的湖泊，位于福克斯冰河村以南 6 千米处，以"镜湖"著称。在晴朗无云的日子，可以清楚地看到新西兰的最高峰库克山和塔斯曼山的倒影，湖面如银镜般美丽，令人难忘。

风景如画、碧水倒影的马瑟森湖。

大洋洲

太平洋甜岛——斐济

斐济位于西南太平洋中心，是南太平洋地区的交通枢纽，由332座岛屿组成，多为珊瑚礁环绕的火山岛。因盛产甘蔗，有"太平洋甜岛"之称。因斐济地跨东、西半球，180°经线贯穿其中，因而成为世界上既是最东，又是最西的国家。

▶ 首都苏瓦 ▶▶▶

首都苏瓦位于维提岛的东南沿海，临苏瓦湾，创建于1849年，是斐济重要的国际海港。苏瓦港可停泊万吨巨轮，港外有珊瑚礁作屏障，游人可以乘镶有玻璃底的游艇，观赏五光十色的海上风光，探寻神秘的海底世界。

苏瓦三面环水，一面靠山，市中心靠海。市内主要是低层的热带建筑，协调而美丽。

斐济风光

note 知识小笔记

地方小档案

国　名：斐济群岛共和国
面　积：1.83万平方千米
首　都：苏瓦

▶ 红花节 ▶▶▶

每年8月份，斐济都要举行为期一周的红花节。红花即扶桑花，也称为木槿花，是斐济的国花。节日期间，街道上搭起牌楼，挂上彩旗，人们穿着各色服装，戴着稀奇古怪的面具，在大街上游行，选举"红花皇后"。

斐济博物馆内摆放的物品

斐济博物馆

斐济博物馆位于苏瓦的瑟斯顿花园，展品包罗万象，从昔日小巧精致的装饰品，到传统独木舟等大型对象都有。馆内拥有英国人征服斐济用的来福枪和牛皮封面《圣经》，中国清朝时的长袍马褂，甚至还有有关斐济"食人"的历史。

南太平洋大学

南太平洋大学是一所由大洋洲十几个国家共同创立的公立大学，也是南太平洋岛国中唯一的最高学府。主校区位于斐济苏瓦，成立于1968年。校长由各岛国的首脑轮流担任，来此深造的都是来自南太平洋各岛国的优秀学生。

"国饮"——"卡哇"

"卡哇"算是斐济的"国饮"。"卡哇"是把当地一种特有的植物粉末用布包好，放在大木盘里用水浸泡出的饮料。初到此地的外国游客，若能享受到当地人为他举行喝"卡哇"的仪式，就是受到的最隆重的接待。

卡哇仪式在斐济部落中很有意义，勇士出征前、部落决定大事、欢迎远来贵宾，甚至族人欢庆节日时都少不了它，对外来的观光客而言更是融入当地部落的重要方式。

大洋洲

胖人国——汤加

汤加位于南太平洋西部，西邻斐济。汤加是个淳朴、热情、好客的民族，当年库克船长登上这片土地时，也有同样的感受，所以他把汤加称之为"友谊之岛"。这里有美丽的热带岛屿和独特的自然景观，让我们去看看吧！

"日出之国"

汤加历史悠久，是世界上最早迎接太阳的国家，人称"日出之国"。这是因为汤加群岛位于西经173°~177°之间，靠近国际日期变更线。

首都努库阿洛法的街道一角

汤加皇宫是首都努库阿洛法市内最醒目的古建筑，建于1867年，汤加王国的历代君主都是在此举行加冕礼。

以胖为美

在汤加，无论男女老幼都"以胖为美"。汤加人认为越是标致的女子，越应该肥胖，脖子应是粗短的。有些稍欠肥胖的妇女，为了增肥，往往在腰间缠上大量的布来假扮肥腰。

最胖的君主

汤加国王图普四世是汤加王国最肥胖的人，他身高 1.92 米，1976 年，图普四世的体重达到了 209.5 千克。他因此被载入吉尼斯世界纪录，成为全球最肥胖的君主，据称，这一记录至今无人能破。

图普四世是汤加第四任国王，是萨洛特·图普三世女王的长子。

note 知识小笔记

地方小档案

国　名：	汤加王国
面　积：	747 平方千米
首　都：	努库阿洛法

"铜府世界"

埃瓦岛是个"洞府世界"，位于汤加塔布岛东南 25 千米。岛上遍布石钟乳、石笋、石柱构成的溶洞。其中"燕岛"最奇，里面的华丽大厅高 30 米、周长 60 多米，当阳光照射在洞口，海水折射映于厅壁上，现出光怪陆离的幻影，令人叹绝。

"全猪宴"

当来了重要客人，汤加人就会摆出接待贵宾最隆重的礼仪——"全猪宴"。宴会上，当地人身着盛装，不论宾主，所有参加者全都席地而坐。烤仔猪制成后，长者会动手切下第一片烤肉献给客人先尝，然后众人才一起分享。

瓦瓦乌海滩。瓦瓦乌群岛是汤加王国北部岛群，位于烟波浩渺的太平洋中。由 34 座岛屿组成，其中瓦瓦乌岛最大。

大洋洲